UNE MORALE DE
LA RESPONSABILITÉ

DU MÊME AUTEUR

Philosophie du pouvoir, Montréal, Éditions du Jour, 1970 157 pages.

Participation et contestation; l'homme face aux pouvoirs, Montréal, Beauchemin, 1972, 136 pages.

L'échelle des valeurs humaines, (1re édition), Montréal, Beauchemin, 1974, 200 pages.

Réinventer la morale, Montréal, Fides, 1977, 159 pages.

L'échelle des valeurs humaines, (2e édition), Montréal, Fides, 1980, 216 pages.

L'anatomie d'une société saine (Les valeurs sociales), Montréal, Fides, 1983, 248 pages.

Martin BLAIS

UNE MORALE DE LA RESPONSABILITÉ

fides

ISBN: 2-7621-1238-9

Dépôt légal: 1er trimestre 1991. Bibliothèque nationale du Québec.

Composition et mise en pages: Helvetigraf, Québec

Achevé d'imprimer en janvier 1991 par les Ateliers Graphiques Marc Veilleux Inc. à Cap-Saint-Ignace, pour le compte des Éditions Fides.

Imprimé au Canada.

«Entrer dans la vie morale, c'est justement se délivrer des règles, juger par soi-même, et, en définitive, n'obéir qu'à soi.»

Alain

Avant-propos

Depuis une dizaine d'années, le ministère de l'Éducation a investi des sommes importantes et réquisitionné beaucoup de compétence pour élaborer un programme de formation morale à l'intention du primaire et du secondaire. À l'origine, le programme s'adressait aux élèves dits «exemptés» de l'enseignement religieux. Mais, à compter de 1985, il n'y aura plus d'exemptés: les jeunes auront le choix entre un cours de formation morale et un cours de formation religieuse incluant des notions de morale. Le programme du Ministère ambitionne de répondre aux exigences des deux cours en proposant une morale *naturelle*.

L'entreprise suscite des critiques. Pour les partisans d'une confession religieuse, la notion de morale naturelle est suspecte. Ils voudraient que la morale incorporée au cours de formation religieuse soit élaborée par la confession religieuse concernée: catholicisme, protestantisme, islamisme, judaïsme, etc. Selon les partisans du mouvement laïc, une morale acceptable pour une confession religieuse déterminée aura fait des compromis, et ils s'en méfient.

Les discussions sont condamnées à tourner en rond, comme celles qui portent sur les goûts et les couleurs. Il faut donc tenter l'expérience; essayer d'écrire un traité de morale qui s'en tienne à un tronc commun de notions, de problèmes et de solutions: commun aux catholiques, aux protestants, aux musulmans, aux juifs, aux athées, etc. Les pages qui vont suivre cherchent à rejoindre l'être humain qui se cache derrière le croyant, le théiste ou l'athée.

La morale étant, depuis l'invention de notre philosophie, par les Grecs, il y a 2 500 ans environ, une branche de ce savoir, il était inévitable que le programme soit structuré autour de notions et de thèmes que les philosophes ont abordés dans leurs écrits et dont les professeurs de philosophie parlent quotidiennement.

Comme il y a mille façons inégalement claires d'exposer les mêmes notions et de parler des mêmes thèmes, aucune tentative d'apporter de la lumière additionnelle n'est désavouée a priori. C'est donc ma façon d'aborder les notions fondamentales de la morale et d'en développer les thèmes principaux que je livrerai dans les pages qui vont suivre.

On met d'une manière toute particulière les professeurs de morale en garde contre la tentation de servir aux jeunes des «notes de cours universitaires». La remarque est loin d'être déplacée. Le mot pédant vient d'un mot italien, *pédanté*, qui a servi jadis à désigner un enseignant. Si le mot en est venu à désigner une personne qui fait étalage d'une érudition affectée et livresque, c'est parce que les professeurs versaient facilement dans ce travers.

Pourquoi? Lucrèce nous en donne la raison dans son poème *De la nature*: «Les sots préfèrent et admirent ce qui leur est dit en termes mystérieux. Jadis Héraclite s'est rendu illustre chez les Grecs par son langage obscur».[1] Illustre parce que mystérieux, obscur? Hé oui! pour deux raisons.

Première raison: le style ambigu permet à plus de lecteurs de lire ce qu'ils veulent entendre. Quel lecteur n'aimerait pas l'écrivain qui abonde dans son sens? qui dit ce qu'il avait sur le bout de la langue? C'est pourquoi l'écrivain ambigu, parce qu'il abonde dans tous les sens — chaque lecteur l'interprète à sa façon — multiplie ses chances de se faire des amis et de devenir illustre.

Deuxième raison: la plupart des lecteurs ont cette humilité de ne pas croire profond ce qu'ils comprennent. Le lac est profond s'ils n'en aperçoivent pas le fond. Pourtant, l'oeil le lit couramment sous trois mètres d'eau limpide, tandis qu'il n'en déchiffre rien sous dix centimètres d'eau boueuse.

Quand il s'agit de morale, c'est un devoir d'être limpide comme de l'eau de roche, parce que la morale n'est pas la chasse gardée de quelques spécialistes: elle est d'usage quotidien pour tout être humain, du premier au dernier venu. Chacun doit pouvoir la comprendre sans l'intermédiaire d'un professeur: plus un ouvrage de morale permet au lecteur de se passer d'explications, meilleur il est à mes yeux. Ces pages seront donc écrites dans le plus profond respect du conseil de Paul Valéry: «Entre deux mots, il faut choisir le moindre.»

---

1. Lucrèce, *De la nature*, Paris, Garnier-Flammarion, coll. «Texte intégral GF» no 30, 1964, I, 635-645

Introduction

Dans la maison d'un pendu, le mot corde éveille des souvenirs désagréables. Et la sagesse populaire en a fabriqué un proverbe d'usage universel: «Il ne faut pas parler de corde dans la maison d'un pendu.» Le mot corde y tient lieu de tous les mots susceptibles de ressusciter des souvenirs pénibles: il ne faut pas parler de maître dans la maison d'un esclave; ni de patron dans celle d'un chef syndical; ni de riche dans celle d'un pauvre; ni de morale dans la maison d'un Québécois de quarante ans ou, peut-être, ne faut-il pas parler de morale dans la maison des humains.

En effet, dans *Tel quel*, Paul Valéry parle de la morale comme d'un mot «mal choisi et mal famé»[1]. Mal famé? d'accord; mal choisi? pas sûr. Je crois plutôt qu'il est fort bien choisi et qu'on doit, en conséquence, le réhabiliter. Le

1. Paul Valéry, *Oeuvres*, Paris, Gallimard, coll. «Bibliothèque de la Pléiade» no 148, tome II, 1960, *Tel quel*, p. 510.

temps en a réhabilité bien d'autres; pourquoi pas celui-là aussi un jour? Gothique, par exemple. À l'origine, cette épithète, dérivée du nom des barbares que furent les Goths, n'était utilisée que pour flétrir. L'équivalent québécois de gothique, ce serait probablement notre sauvage, employé comme opposé à civilisé. Mais, à mesure que l'on a pris conscience de la valeur de l'art gothique, cette épithète a perdu sa connotation péjorative. On le prononce maintenant sans la moindre moue dédaigneuse. Mais, au XVIIe siècle, Molière parlait encore des «ornements gothiques», ces monstres odieux des siècles ignorants. Les admirateurs de Chartres et de la Sainte-Chapelle lui ont cloué le bec.

Nous tenterons de montrer, en temps et lieu, que le mot morale va comme un gant à la chose qu'il signifie. Quand les préjugés se seront dissipés, à la lumière d'une meilleure connaissance de la morale authentique, le mot morale s'emploiera aussi simplement que les mots rhinocéros, nénuphar ou stalactite. Cette conviction n'a rien d'utopique.

Concédons, cependant, à Paul Valéry que le mot morale a mauvaise réputation. Et il y a à cela plusieurs bonnes raisons. En voici quelques-unes. Certains moralistes donnaient naguère l'impression que la morale se limitait à la sexualité. Point n'est besoin d'être octogénaire pour avoir en mémoire la réponse d'un calcul célèbre sur le petit nombre des élus: «Sur cent damnés, quatre-vingt-dix-neuf le sont à cause de l'impureté.» Si je me souviens bien, le centième n'était pas tout à fait propre.

D'autres moralistes, fort nombreux, présentaient la morale comme une sorte de catalogue comportant une courte liste des choses permises et une liste interminable de choses défendues. Pourquoi celles-ci étaient défendues et celles-là permises? ils n'en disaient rien sinon presque rien. Et la morale revêtait le caractère insupportable de l'arbitraire. L'arbitraire, c'est ce qui dépend du caprice. Et les prescriptions non accompagnées de leur justification ont tout l'air d'en dépendre.

D'autres, enfin, identifiaient la morale avec une morale particulière. La morale de Kant, c'est une chose; la morale tout court en est une autre. La morale québécoise de naguère, c'est une chose; la morale tout court, c'en est une autre. On peut rejeter une morale particulière, on peut devoir le faire parfois, sans pour autant se dépouiller de toute morale.

Au même endroit de l'ouvrage cité, *Tel quel*, Paul Valéry décrit la morale comme «une sorte d'art de l'inexécution des désirs, une sorte d'art de faire ce qui ne plaît pas et de ne pas faire ce qui plaît»[2]. Si ce sont bien là les traits que présente le visage de la morale à certains d'entre nous, il faudra brutalement lui arracher ce masque de croquemitaine et faire voir que la morale authentique ne méprise rien, ne mutile rien, ne détruit rien de ce qu'il y a dans l'être humain.

Il est vrai qu'au prononcé du mot morale les gens d'un certain âge se hérissent comme des porcs-épics, sortent leurs griffes comme des matous. Mais il y a lieu d'espérer que le temps réhabilitera ce vocable comme il en a réhabilité bien d'autres. Je le souhaite, car c'est un mot bien choisi; nous le verrons plus loin.

En attendant, certains préfèrent parler d'éthique au lieu de parler de morale. Pour moi qui parle la langue de tout le monde et non celle des philosophes, c'est bonnet blanc et blanc bonnet: cela revient exactement au même. Le mot morale est formé d'un mot latin; le mot éthique est formé

---

2. *Ibid.*, p. 511

d'un mot grec qui a le même sens. La différence est toute au niveau du tympan: le son est différent, mais la chose signifiée est la même. Situation analogue à celle des Anglais, qui disent «horse» quand les Français disent cheval. Deux sons, une bête.

Je n'ignore point, cependant, que certains philosophes ont introduit une distinction qu'ils qualifient de «fondamentale» entre morale et éthique. C'est leur droit le plus strict. Ils réservent le terme d'éthique à l'échelle des valeurs et ils appellent morale l'art d'y grimper. Il suffit de le savoir pour les comprendre.

Le premier chapitre portera sur la définition de la morale. Si on peut enseigner la morale sans en donner à ses auditeurs une définition savante, le professeur, lui, ne peut s'en passer. S'il ne sait pas exactement ce que c'est que la morale, il cessera d'en faire, croyant en faire encore. De plus, il n'est pas inutile que les auditeurs eux-mêmes en aient une idée assez précise. Quel que soit leur âge, ils peuvent s'en former une: «Ce que vous comprenez vraiment, vous pouvez l'expliquer à des enfants», disait Einstein.

Le lien entre les autres chapitres apparaîtra à la fin de chacun. Qu'il suffise pour le moment d'en donner les titres: chapitre 2: Bien moral et bien réel; chapitre 3: Le jugement moral; chapitre 4: Les qualités morales; chapitre 5: Les valeurs dans la formation morale; chapitre 6: La dimension corporelle; chapitre 7: La dimension sociale; chapitre 8: Les droits et les devoirs; les libertés et les contraintes; chapitre 9: L'éducation morale.

Chapitre 1

Qu'est-ce que la morale?

J'ai fait partie d'un comité consultatif pour l'élaboration du programme de formation morale de niveau secondaire. Un jour, la discussion porta sur la nécessité ou l'inutilité de définir la morale. Comme cela se produit d'ordinaire, quelques membres se prononcèrent pour la nécessité; quelques-uns pour l'inutilité; les autres suspendirent leur jugement.

D'un certain point de vue, il est nécessaire de définir la morale; d'un autre, c'est inutile. On peut faire de la botanique avec des jeunes sans leur dire qu'ils font de la botanique et donc sans avoir à répondre à la question: «Qu'est-ce que c'est que la botanique?» Mais si le professeur ne sait pas ce que c'est que la botanique, il enjambera la clôture du champ de cette science (les végétaux) et il les intéressera aux papillons. C'est ainsi que certains cours de philosophie tournent en cours de psychologie, de sociologie ou de science politique. D'ordinaire, c'est de la mauvaise psychologie, de la mauvaise sociologie et de la mauvaise science politique.

Mais on peut faire pendant longtemps de la morale avec les jeunes sans s'attarder à leur en donner une définition savante. La définition va s'enrichir à chaque niveau d'enseignement: primaire, secondaire, collégial, universitaire. En géométrie, on se contente, au début, de faire montrer du doigt le triangle dissimulé parmi d'autres figures géométriques: carré, rectangle, losange, cercle; plus tard, on en donne la définition savante. Il doit en être ainsi avec la morale. Mais le professeur du primaire ne doit pas attendre d'enseigner au collégial pour savoir comment les spécialistes définissent la morale. Sur ce point, la morale ne diffère pas des autres sciences. Pour bien enseigner les mathématiques au secondaire, il est utile de savoir ce qu'on en enseigne au collégial.

1. Vingt définitions de la morale

Il est possible d'aligner des douzaines de définitions de la morale. Certaines rediraient tout simplement la même chose dans des termes différents; certaines se contrediraient sur quelque point; d'autres pourraient ne pas dire la même chose, mais sans se contredire: elles se compléteraient.

Voici les vingt définitions promises. Le *Petit Robert* m'en donne déjà quatre: 1) science du bien et du mal; 2) théorie de l'action humaine en tant qu'elle est soumise au devoir et a pour but le bien; 3) «La morale est la science des lois naturelles» (Diderot); 4) «La morale est la science des fins, la science de l'ordre idéal de la vie» (Rauh). Le *Petit Larousse* en ajoute une: 5) science qui enseigne les règles à suivre pour faire le bien et éviter le mal. 6) «La science normative des conduites» (J. Miquel). 7) «C'est la science des bonnes moeurs ou de la bonne conduite» (E. Blanc). 8) «La science qui traite de l'usage que l'homme doit faire de sa liberté pour atteindre sa fin dernière» (R. Jolivet). 9) «La morale n'est rien de plus que la régularisation de l'égoïsme» (Bentham). 10) «Toute la morale consiste à vivre selon notre bon plaisir» (Hobbes). 11) «Ce qu'il y a d'essentiel et d'inappréciable dans toute morale, c'est qu'elle est une contrainte prolongée» (Nietzsche). 12) «La morale, c'est ce qui reste de la peur quand on l'a oubliée» (Jean Rostand). 13) «La morale est comme les régimes: elle interdit tout ce qui est bon» (F. Vanderem). 14) «La morale a pour objet le *bien*, comme la logique a pour objet le vrai» (P. Janet). 15) «Toute morale se présente à nous comme un système de règles de conduite» (Durkheim). 16) «La morale n'est pas un ordre venu du dehors, même du ciel, c'est la voix de la raison, reconnue comme voix divine» (A.-D. Sertillanges). 17) «La morale est la même chez tous les hommes qui font usage de leur raison» (Voltaire). 18) «Ce succédané malheureux et déchaîné de l'amour, qui s'appelle la morale» (Camus). 19) «La science normative de la conduite humaine à la lumière de la raison» (René Simon). 20) Une réflexion sur la conduite de la vie.

D'où vient cette diversité déconcertante? Elle vient d'abord du fait qu'on peut dire la même chose avec des mots différents. Par exemple, le *Petit Robert* définit le hibou comme un oiseau rapace; le *Petit Larousse* le définit comme un oiseau de proie. Mais ils se rejoignent sur nocturne et sur les aigrettes. La diversité dans les définitions de la morale vient, en second lieu, du fait qu'il existe en philosophie plusieurs espèces de définitions. Examinons-les brièvement.

2. La définition: sa nature et ses espèces

Comme la plupart des mots ont reçu d'abord un sens très concret avant d'en recevoir d'autres plus ou moins abstraits, je pense qu'il est utile de déterrer la racine du mot définition lui-même. C'est un verbe latin, *definire*, qui signifie limiter. On disait, par exemple, que telle propriété était «définie», limitée au nord par la forêt, à l'est par le cours d'eau, à l'ouest par la clôture et au sud par la route.

Comme on parle couramment du champ de la morale ou du domaine de la morale, définir la morale, ce sera tracer les limites de ce champ afin que ceux qui font de la morale sachent à quel moment ils y entrent et à quel moment ils en sortent. Certains pensent faire de la morale sexuelle alors qu'ils font de l'anatomie.

2.1 La définition étymologique

On peut définir ou caractériser une chose en faisant appel à l'étymologie du mot qui la désigne. Un ventriloque? C'est une personne qui semble parler du ventre, au lieu de parler des lèvres comme tout le monde: *venter*, ventre; *loqui*, parler. Dans certains cas, l'étymologie est éclairante: on trouve profit à s'y attarder; dans d'autres, elle ne l'est pas: on passe outre. Dans le cas de la morale, l'étymologie est éclairante: il y a avantage à la déterrer.

Le mot morale vient du latin *mos*, qui signifie moeurs, disent certains, et ils définissent la morale comme quelque chose qui concerne les moeurs. C'est pourquoi les moeurs figurent dans certaines définitions de la morale, qui se sont accrochées à l'étymologie du mot. Mais quelque chose d'important a été oublié.

Morale vient du mot latin *mos*, d'accord, mais ce mot a deux sens et non point un seul. Il signifie d'abord une inclination naturelle à agir: inclination à manger, à boire, à faire son habitat de telle ou telle manière. C'est en ce sens qu'on parle des moeurs des animaux. Il signifie ensuite une simple coutume, une habitude: enterrer les morts au lieu de les incinérer. Le mot morale a été fabriqué à partir de *mos*, mais au sens où il signifie une inclination naturelle à agir et non point une simple habitude ou coutume.

Il faut se garder de confondre l'inclination naturelle, qui intéresse la morale, avec la coutume ou l'habitude, qui ne se prive pas de mêler les cartes. Elles se ressemblent comme des jumeaux identiques. Pascal a pris un malin plaisir à embrouiller les choses: «La coutume est notre nature. Qu'est-ce que nos principes naturels, sinon nos principes accoutumés? Une différente coutume donnera d'autres principes naturels, cela se voit par expérience. J'ai grand' peur que cette nature ne soit elle-même qu'une première coutume, comme la coutume est une première nature».[1]

Pascal exagère sans doute un brin, mais il nous force à scruter une distinction qu'il serait malheureux de prendre comme allant de soi. D'une certaine manière, la coutume devient effectivement une seconde nature et engendre une inclination semblable à l'inclination naturelle. Par la force de la coutume, on peut répugner autant à manger de la chair de vache qu'on incline à manger par la force de l'inclination naturelle.

Le danger de prendre les habitudes pour des inclinations naturelles doit nous tenir en éveil. La morale authentique exige qu'on remette périodiquement en question ses inclinations à agir, afin de s'assurer qu'elles viennent bien de la nature et non de la coutume ou de la simple habitude. La morale a sans cesse besoin d'être épurée, sinon elle s'alourdit d'innombrables usages qui n'ont plus leur raison d'être. Dans le domaine de la morale, l'accessoire se mêle facilement à l'essentiel.

---

1. Pascal, *Pensées*, Texte de Léon Brunschvicg, Paris, Nelson, 1949, nos 89, 92, 93

2.2 La définition nominale

La définition nominale peut se faire au moyen de l'index... L'enfant qui sait pointer du doigt le zèbre dissimulé parmi d'autres animaux connaît la définition nominale de ce mot. Donner la définition nominale d'un mot (nom ou verbe), c'est en énumérer les divers sens. Que signifie le mot chien? Un animal, une pièce d'arme à feu, une constellation.

La définition nominale peut consister, dans certains cas, à donner un synonyme plus connu. À qui ne connaît pas le chlorure de sodium, on dira: c'est du sel de cuisine. Qui hésite à prendre une salade de dents-de-lion acceptera d'emblée une salade de pissenlits. Les termes scientifiques les plus courants ont d'ordinaire un équivalent populaire. La médecine en fournit de nombreux exemples: paralysie infantile au lieu de poliomyélite.

Comme tant d'autres mots, morale a plusieurs significations. En voici trois. On enseigne la morale comme on enseigne la géométrie, la physique ou les mathématiques; la morale est alors une science humaine. Faire la morale à quelqu'un, c'est lui donner une leçon de bonne conduite sur un point particulier. La morale d'une fable, c'est l'application qu'on peut en tirer pour sa conduite personnelle.

Dans les deux cas précédents — définition étymologique et définition nominale — on s'est penché sur le mot; maintenant, on se tourne vers la chose que le mot morale sert à désigner. Et il s'agira désormais de définition réelle.

2.3 La définition réelle ou de la chose elle-même

À la personne qui demande: «Qu'est-ce que c'est que de l'iode?» on ne répond pas que le mot iode vient d'un mot grec qui signifie violet ni ne pointe du doigt un flacon d'iode.

On lui dit que l'iode est un métalloïde très volatil, de telle densité, de tel poids atomique, etc. Mais nous ne sommes pas au bout de nos peines: il y a au moins six sortes de définitions réelles d'usage quotidien...

2.3.1 La définition descriptive

Sont des définitions descriptives la définition de l'éléphant par la trompe et les défenses; la définition du zèbre par la robe rayée de bandes noires ou brunes; la définition de la mouffette par un certain liquide d'odeur infecte; la définition de l'homme en tant que bipède sans plume; la définition du chardon comme plante à feuilles épineuses, etc.

Les définitions descriptives sont innombrables. Chaque fois qu'on ne peut pas saisir ce qu'il y a d'essentiel dans une chose, on doit se contenter de la décrire, c'est-à-dire de la caractériser par quelque chose qui lui est accidentel, quelque chose d'apparent: une forme, une odeur, etc.

On saisit facilement ce que c'est qu'une définition descriptive d'animal ou de plante, mais une définition descriptive de la morale, c'est plus difficile à comprendre. Il est nécessaire de savoir en quoi consiste une définition essentielle pour se faire une idée d'une définition descriptive.

Tout ce qui découle de la définition essentielle peut entrer dans une définition descriptive. Commençons par l'exemple limpide du triangle. Il est une figure géométrique composée de trois droites qui se coupent deux à deux et se terminent à leur commune intersection. Il suit de là que la somme de ses trois angles intérieurs est égale à cent quatre-vingts degrés; que la somme de deux de ses côtés est plus grande que le troisième; que sa surface s'obtient en multipliant sa base par sa hauteur et en divisant le produit par deux, etc. Définir le triangle par l'une ou l'autre de ces propriétés-là, c'est en donner une définition descriptive.

L'application à la morale n'est pas facile parce que la définition de la morale ne fait pas l'unanimité comme celle du triangle. Dans les vingt définitions données plus haut, on ne parle pas du rôle de l'expérience en morale; on ne parle pas de juste milieu; on ne parle pas de la sorte de certitude que l'on rencontre en morale; on ne dit pas dans quelle mesure la morale s'enseigne. Serait descriptive toute définition qui se ferait par l'une ou l'autre de ces caractéristiques de la morale.

2.3.2 La définition métaphorique

Imaginer que les fleurs sont au pré ce que le sourire est au visage et parler d'un pré riant, c'est faire une métaphore. La métaphore est l'instrument du poète. Mais il n'y a pas que les poètes qui font des métaphores. Définissent métaphoriquement la morale ceux qui la considèrent comme une camisole de force, un frein, un boulet, etc. Selon l'imagination de chacun, ce genre de définition peut se multiplier à l'infini.

2.3.3 La définition causale

Une définition causale, ce n'est pas plus malin qu'une proposition causale. L'une et l'autre indiquent la cause, c'est-à-dire ce qui a produit l'effet dont on parle. Nous multiplions les définitions causales sans le savoir. La relativité d'Einstein, c'est une théorie élaborée par Einstein; le principe d'Archimède, c'est...; les lois de Képler; la morale de Kant; le vent, l'eau, le feu, la foudre, la rouille sont des causes dont les effets sont bien connus.

Quand il s'agit d'une morale particulière, on la caractérise par la cause, on la définit en indiquant celui qui l'a élaborée: morale d'Aristote, morale stoïcienne, morale de Kant, de Camus, de Sartre, etc. Ce renseignement n'apporte aucun éclaircissement sur la nature de la morale en question. Savoir qu'il existe une morale élaborée par les stoïciens, ça ne dévoile rien de cette morale.

Quand on définit la morale comme une «réflexion» sur l'agir humain, on en donne une définition causale; on dit que les humains ont fabriqué et fabriquent de la morale en réfléchissant sur leur conduite. Mais cette façon de parler constitue une figure de rhétorique ou un procédé de langage par lequel on donne la cause (la réflexion) au lieu de donner l'effet. La morale, ce n'est pas la réflexion, mais bien le produit de la réflexion. Une réflexion qui n'aboutirait à rien ne sécréterait pas une morale.

La morale, c'est l'ensemble des règles de conduite que la réflexion a mises au point; c'est l'ensemble des conclusions auxquelles la réflexion a abouti. Cet ensemble de conclusions mérite de porter le nom de science. Elle est une des «sciences humaines», selon la formule bien connue. D'accord, elle est fort peu exacte, ses conclusions n'ont pas toujours beaucoup de certitude — on parle de certitude *morale* pour désigner cette drôle de certitude — mais c'est une science du fait qu'elle démontre ses conclusions, c'est-à-dire qu'elle les appuie sur des «parce que».

2.3.4 La définition finale

Comme les jeunes sont familiers avec les propositions finales, je ne vois pas pourquoi on ne parlerait pas de définitions finales pour désigner celles qui se font en indiquant le but ou la fin. Tout comme les définitions causales, les définitions finales sont d'usage quotidien.

Devant un objet mystérieux, on demande: «Qu'est-ce que c'est?» ou bien: «À quoi ça sert?» La réponse en donne l'usage: c'est une baratte; on faisait du beurre avec ça; c'est un trusquin: ça sert à tracer des lignes parallèles à l'arête d'une pièce de bois. En classe, les jeunes exigent des définitions finales: «À quoi ça sert cette matière-là?»

La plupart des définitions données ci-dessus indiquent la fin de la morale; elles disent à quoi sert la morale. Les différentes formules utilisées se ramènent à dire que la morale règle la conduite humaine. Voilà son but. Beaucoup emploient l'expression de science *normative*. Cette épithète vient d'un mot latin, *norma*, qui signifie équerre. Le but d'une science normative, c'est de mettre une vie à l'équerre.

2.3.5 La définition matérielle

La définition matérielle ou définition par la matière indique de quoi la chose est faite. Une table peut être faite de bois, de métal, de plastique; quand on la définit, il importe peu de l'indiquer. Mais le filament d'une lampe à incandescence ne peut pas être fait avec une ficelle; quand on le définit, il importe donc d'en indiquer la matière: le tungstène.

En définissant la morale, il faudra dire avec quel matériau elle est fabriquée. Ce matériau, c'est l'acte humain, c'est-à-dire l'acte libre, l'acte dont on a jusqu'à un certain point la maîtrise. Il n'y a pas de morale de l'eau qui ruisselle, de la foudre qui frappe, du prunier qui produit des prunes, du loup qui mange l'agneau, de la circulation du sang, etc. Il n'y a de morale que de l'acte dont on est responsable, de l'acte que l'on contrôle.

Dans certains cas, on indique le matériau avec lequel la chose a été faite; dans d'autres cas, c'est le genre qui tient lieu de matière. Au lieu de dire qu'un davier est fait de fer, on peut dire qu'il est une pince. Au lieu de dire qu'une table, c'est du bois qui a telle forme, on va dire que c'est un meuble (genre). Au lieu de dire que la morale est faite avec des actes humains (qui correspondent au bois de la table), on dira qu'elle est une science.

2.3.6 La définition formelle

La définition formelle ou définition par la forme indique de quelle manière la matière a été disposée. Pour obtenir un triangle, il faut disposer les trois lignes de manière qu'elles se touchent deux à deux; on a un galet si le caillou a été usé et poli; de la saucisse si la viande est entourée d'un boyau.

Mais le mot forme a reçu plusieurs significations rattachées à une première. Quand les significations sont étrangères les unes aux autres, on dit que le mot est équivoque. C'est le cas du mot bière: cercueil et boisson. Quand les significations sont rattachées à une première, on dit du mot qu'il est analogue ou employé analogiquement.

Au sens premier du mot, la forme est un moule. On met le béton, le sucre d'érable et la pâte à gâteau dans des moules ou des formes. Le fromage doit son nom à un mot latin qui signifie «ce qui est fait dans une forme». Mais on comprend facilement que, lorsqu'on parle de forme en morale, le mot est employé en un sens moins concret, qu'il est employé par analogie. Les actes humains ne sont ni du sucre d'érable ni de la pâte à gâteau, mais ils peuvent recevoir une certaine forme. Cette forme va consister à les disposer de telle manière qu'ils puissent contribuer à l'épanouissement d'un être humain.

L'acte humain, matière de la morale, est considéré par d'autres disciplines ou par d'autres sciences. La psychologie, par exemple, considère également l'acte humain, mais c'est pour en comprendre le fonctionnement: délibération, décision, action. (Je parle de la psychologie philosophique.) Quand la morale considère l'acte humain, ce n'est pas pour en comprendre le mécanisme: c'est pour le rendre apte à développer la personne qui le pose, à l'épanouir selon toutes ses dimensions.

Nous comprenons maintenant pourquoi il existe tellement de définitions de la morale. D'abord, deux auteurs peuvent dire exactement la même chose, mais le faire avec des mots différents. En second lieu, ils peuvent donner l'une ou l'autre des espèces de définitions possibles et le faire, encore, avec des mots différents. Les définitions que l'on rencontre ne sont pas nécessairement identiques ni n'ont même valeur. Une définition par la matière, c'est autre chose qu'une définition par la cause ou par la fin. Une définition par la fin viendra compléter une définition par la matière ou par la cause. Il est évident qu'une chose est d'autant mieux connue qu'on l'a définie de toutes les manières possibles: étymologie, sens du mot, quelques bonnes métaphores, cause, matière, forme, fin.

3. Choix d'une définition de la morale

Définir la morale comme «une réflexion sur l'agir humain», c'est un bon point de départ. Il suffit de préciser un peu plus. La réflexion sur l'agir humain doit, comme je l'ai déjà dit, aboutir à des conclusions. Une réflexion qui tourne en rond ne donnera jamais une morale. L'ensemble des conclusions auxquelles la réflexion aboutit mérite le nom de science. La morale apparaît maintenant comme la science de l'agir humain.

Ouvrez le premier dictionnaire qui vous tombe sous la main et courez au mot morale. Il vous dira que la morale est une science. Sur les rayons des bibliothèques, les volumes de morale s'alignent avec les volumes de géométrie, de physique, de chimie, de psychologie. En tant que science, la morale s'enseigne, s'apprend, se récite et on en échoue ou réussit l'examen.

Il reste à la distinguer des autres sciences qui portent sur l'agir humain. En effet, la morale n'est pas la seule science à s'intéresser à l'agir humain, comme il a été dit en 2.3.6: la sociologie et la psychologie, pour ne nommer que ces deux-là, s'y intéressent également. Même le folklore! Et il ne faudrait pas qu'on dise de la morale que c'est du folklore...

Il faut donc apporter une autre précision; dire sous quel angle, de quel point de vue elle considère l'agir humain. Elle ne considère pas l'acte humain dans la façon dont il est structuré: délibération, décision, action, etc. Elle considère l'acte humain du point de vue de sa convenance ou de sa non-convenance pour l'épanouissement de la personne humaine. La morale n'élabore pas la psychologie du voleur; elle se demande s'il convient qu'un être humain prenne ce qui appartient à autrui. Autre exemple: le suicide. La psychologie et la morale s'y intéressent. La psychologie se demande comment une personne peut en arriver à s'enlever la vie, sans se demander si c'est bien ou mal. La morale se demande si le suicide est acceptable, s'il convient dans certaines circonstances. L'art culinaire enseigne à faire de bons plats; la morale rend capable de s'en tenir à ceux qui conviennent à la santé.

Le bien étant «ce qui convient»; le mal, ce qui ne convient pas, le *Petit Robert* donne une bonne définition de la morale en disant d'abord qu'elle est la science du bien et du mal. C'est on ne peut plus concis mais excellent. Cependant, il est peut-être préférable de ménager les sentiments et de dire que la morale est cette science humaine — issue d'une réflexion — qui cherche ce qui convient et ce qui ne convient pas au développement ou à l'épanouissement de la personne humaine.

Dernière précision: la morale est la science du bien *moral* et du mal *moral*... Cette épithète complique joliment les choses. Un chapitre ne sera pas de trop pour démêler cet écheveau et montrer quels rapports entretiennent le bien moral avec le bien réel, le mal moral avec le mal réel.

Chapitre 2

Bien moral et bien réel

Pour beaucoup de gens d'un certain âge, les notions de bien et de mal figurent parmi celles qui font sourire. Un auteur québécois fort sérieux a écrit que l'establishment de la morale comme science du bien et du mal est le plus assis de tous les establishments. J'ajouterai: aussi confortablement assis que l'establishment du jour et de la nuit. Frottons donc un peu, pour leur donner du relief, ces petits mots inoffensifs de bien et de mal.

1. Démystification du bien et du mal

Comme noms ou comme adverbes, les mots bien et mal, et les autres membres de la famille: bon, meilleur, le meilleur; pis (plus mal), mauvais, pire, le pire; mieux, le mieux, continuent et continueront de courir sur toutes les lèvres, à toute heure du jour et de la nuit. On est couché dans un bon lit; on y dort bien. Ou c'est le contraire: le lit est mauvais; on y dort mal. On change de lit: le nouveau est meilleur ou pire (plus mauvais). Après en avoir essayé plusieurs, on est en mesure de dire quel est le pire ou le meilleur.

L'establishment du bien et du mal, et de tous les autres membres de la famille, est plus qu'assis: il est rivé à la chaise. Et je ne vois vraiment pas par quel tour de force on pourrait évacuer ces mots du vocabulaire quotidien.

Ces mots voltigent constamment sur nos lèvres parce qu'ils sont au coeur de nos vies. Nous pourrions peut-être les remplacer par d'autres, mais nous ne cesserions pas pour autant de poursuivre ce que désigne l'un et de fuir ce que désigne l'autre. Quand une crise de nerfs est à craindre, remplaçons-les par leurs définitions: «ce qui convient» à la place de bien; «ce qui ne convient pas» à la place de mal.

Ces mots ont fini par agacer parce qu'on ne dévoilait pas toutes les choses qui sont cachées derrière. (Quand le mot école évoque les pensums, il agace.) Le mal à éviter, ce peut être le surmenage, la poêle à frire, la médisance, la lâcheté, etc. Bref, éviter le mal, c'est éviter tout ce qui ne convient pas à un être intelligent. Faire le bien, cela peut consister à prendre des vacances, à faire du sport, à cesser de fumer, à faire du bénévolat, à protester, etc.

Et «l'establishment de la morale comme science du bien du mal» est devenu l'establishment de la morale comme recherche, puis comme science de ce qui convient et de ce qui ne convient pas à un être humain, dans n'importe quel domaine de ses activités: alimentation, vêtement, travail, repos, amour, etc. C'est à ce point inoffensif qu'il faut rayer le mot establishment, trop chargé d'émotion. Mais on a tellement coupé la morale de la vie quotidienne que certains sont incapables de dénoncer l'immoralité des armes nucléaires et chimiques sans mettre le mot entre guillemets, comme s'il s'agissait d'un emploi impropre.

2. Bien, besoin, inclination

Pour savoir ce qui convient à l'être humain (ce qui est bon pour lui), pour savoir ce qui ne lui convient pas (ce qui est mauvais pour lui), il faut le connaître. On peut parler de ces choses en termes de besoins. Qu'est-ce qui lui convient? quels sont ses besoins? Et le besoin est accompagné d'un désir, d'une tendance, d'une inclination. Certains besoins sont naturels, d'autres sont culturels, semble-t-il. À une tête de mule qui conteste cette distinction, ne parlez pas du besoin d'absolu: parlez du besoin d'uriner. Personne n'en fait un besoin culturel, ni n'en fait un du besoin de dormir, de boire, de manger. On satisfait ces besoins sous toutes les latitudes, depuis des temps immémoriaux.

Et nous avons rejoint l'étymologie du mot morale: *mos*, au sens de tendance, d'inclination naturelle à agir, de besoin à satisfaire. Ces besoins ne portent pas sur les détails de la vie humaine: la nature donne le besoin de s'alimenter, la tendance irrésistible à le faire, mais elle ne dirige pas jusque dans le détail de la bonne alimentation. Celle-ci relève de l'expérience et de la science. L'être humain n'a pas de tableau de bord constellé de cadrans sur lesquels s'inscriraient les besoins alimentaires spécifiques: besoin de fer, besoin de calcium, besoin de sucre, besoin d'eau, etc.

L'être humain pense spontanément que ce qui est normal pour lui, c'est de vivre conformément aux inclinations de sa nature; il vivra donc mieux dans la mesure où il connaîtra davantage cette nature et ses inclinations ou ses besoins. Pour dresser un chien avec succès, il faut connaître la psychologie du chien; pour dresser un lion, il faut connaître le caractère du lion. Un excellent dresseur de lion peut échouer avec un chien. De même, pour développer un être humain, il faut connaître tous les replis de sa nature. Ce n'est pas pour demain: on en est encore aux plis. Voilà plus de deux mille ans, Socrate, le fondateur de la philosophie morale, ne cessait de répéter: «Connais-toi toi-même.» Ce programme, personne ne l'a encore réalisé. Aussi, Alexis Carrel n'hésitait-il pas à titrer, il y a moins de cinquante ans: *L'homme, cet inconnu*.

Cette situation est fort embarrassante pour les moralistes, dont le métier est de proposer les règles de la conduite humaine. La technique de l'élevage des animaux a changé à mesure que progressait la connaissance de chacun. De même, les règles de la conduite humaine doivent évoluer avec les progrès de la connaissance de l'être humain. Je pense à la notion de «guerre juste». Au temps où l'on se battait avec des flèches, on avait peut-être raison de parler de guerre juste (ajustée, proportionnée); mais, quand on dispose d'armes nucléaires, toute guerre est injuste, disproportionnée.

Malheureusement pour ceux qui voudraient que la morale soit claire et nette, les besoins de l'être humain ne sont nulle part gravés sur des tables de pierre; la liste complète et définitive de ce qui convient à l'être humain et l'autre liste de ce qui ne lui convient pas n'existent nulle part. De plus, en matière de convenance et de non-convenance, ce n'est pas blanc ou noir: on passe par des degrés infinis d'un contraire à l'autre. Dans certains cas, la convenance ou la non-convenance ne pose pas de problème. Par exemple, celui qui se jette du dixième étage pour économiser du temps perd tout le temps qu'il lui restait. Cette façon de descendre ne convient qu'aux oiseaux. Mais, dans la majorité des cas, la non-convenance d'un comportement se manifeste de façon moins brutale. Des dizaines d'années peuvent s'écouler avant qu'on s'aperçoive de la non-convenance d'une certaine manière de se nourrir, d'une certaine manière d'élever des enfants, d'une certaine manière de commander, d'organiser le travail ou de vivre la sexualité.

3. Inventaire provisoire des besoins naturels

S'il est facile de faire l'unanimité sur certains besoins naturels plus tapageurs, d'autres, plus discrets, ne se laissent pas facilement dénicher. C'est pourquoi un inventaire de ces besoins ou de ces inclinations ne saurait être définitif. Les sciences qui scrutent l'être humain n'ont pas fini de nous étonner. Mais, en attendant, il faut vivre, c'est-à-dire manger, boire, dormir, travailler, procréer, etc. Qu'est-ce qui, dans tout cela, est naturel? qu'est-ce qui est culturel?

Personne ne conteste que les besoins de boire, de manger et de dormir ne soient naturels. Personne ne conteste qu'ils ne soient tyranniques. Certaines expériences ont bien été tentées pour modifier le rythme du sommeil: dormir douze heures sur quarante-huit au lieu de huit sur vingt-quatre, ou d'autres formules du genre, mais personne n'a songé à nous maintenir toujours éveillés comme le poisson ou à nous faire dormir debout comme les chevaux.

Le domaine de l'alimentation est un secteur privilégié d'expériences de toutes sortes. Pour s'arracher à l'esclavage des trois repas quotidiens, certains en réduisent le nombre à deux, voire à un seul. D'autres croient qu'il conviendrait aux humains de ne manger que des aliments crus, à l'instar des animaux. Va pour les fruits et les légumes, mais la viande? Le cynique Diogène, l'homme du tonneau, a tenté de s'habituer à la viande crue. Il a dû abandonner, s'avouant moins chien qu'il ne pensait.

Quant au besoin de boire, il est encore plus despotique que celui de manger. La mort intervient après quelques jours seulement de privation de boisson, tandis qu'elle laisse quelques semaines à la personne privée de nourriture. Dans le domaine du boire, comme dans celui du manger, les discussions ne portent pas sur la nécessité de satisfaire ce besoin, mais sur la manière de le satisfaire: par l'eau, par le lait, par le vin? Les admirateurs des animaux ne voient que deux boissons naturelles: l'eau et le lait. Pauvres animaux!

Ce serait de l'hypocrisie de ne pas passer de la faim et de la soif à l'inclination sexuelle. On ne disserte pas sur l'existence ni sur la force de cette inclination: chacun fait en soi l'expérience de l'une et de l'autre, et les constate autour de soi. On pourrait bien rétorquer que la publicité ne néglige rien pour exaspérer ce besoin. À quoi je répondrais que la publicité a moins de succès avec d'autres besoins, sans doute moins chevillés à la nature humaine.

Et voilà que nous tenons les deux instincts fondamentaux de l'être humain aussi bien que de l'animal: conservation de l'individu, propagation de l'espèce. Personne ne résiste au premier: on veut vivre et, pour vivre, on doit au moins manger, boire et dormir. Quant au besoin de propager l'espèce, il est beaucoup moins tyrannique. Nous aurons l'occasion d'y revenir au chapitre 6.

Aux inclinations que nous avons distinguées vient s'ajouter l'inclination à rechercher la compagnie de ses semblables. Aussi loin que l'on remonte dans le temps, les humains ont vécu en groupe et non dans l'isolement. Ils l'ont fait et le font encore par nécessité: l'être humain a besoin de nourriture, de remèdes, de vêtements, d'outils de toutes sortes, de gîte, de moyens de locomotion, etc. Et ils ont vite compris que ces produits sont plus abondants et de meilleure qualité quand chacun se spécialise dans un métier conforme, autant que possible, à ses aptitudes et à ses goûts. La société était née. Née du besoin de choses variées, que la société promettait abondantes et de bonne qualité.

Mais il est un besoin plus subtil qui aurait jeté les humains dans les bras de leurs semblables, indépendamment du besoin de nourriture, de vêtements, de remèdes, c'est le besoin d'amitié. Une personne normale, dit Aristote, ne tolérerait pas une vie comblée de tous les biens, mais dépourvue d'amis.[1] Si elle a besoin des mains des autres pour se procurer de bonnes chaussures, elle a davantage besoin de leurs oreilles. Dans certaines circonstances, le besoin de parler à quelqu'un devient un besoin aussi vital que le besoin de dormir ou de manger.

S'il fallait terminer l'inventaire des inclinations naturelles avant d'aller plus avant, nous n'en arriverions jamais à comprendre ce qu'est la morale, ce qu'elle exige de nous et des moralistes. Tant que la nature humaine n'aura pas livré son dernier secret à un biologiste, à un psychologue ou à un philosophe, la liste des inclinations naturelles restera ouverte et provisoire: susceptible d'améliorations, sujette à corrections. Mais nous n'attendons pas notre dernière inclination naturelle pour nous embarquer sur la mer agitée de la morale: la première nous pousse au large et nous jette à la face tous les problèmes que soulève la morale.

4. La morale a changé, elle change et elle changera

Dès maintenant, on peut dégager les quelques idées fondamentales suivantes. D'abord, c'est dans la mesure où l'on connaît la nature de l'être humain qu'on est à même de lui indiquer des règles de conduite; en d'autres termes, de lui proposer une morale. Et, dans la mesure où l'on ignore cette nature, les règles de conduite qu'on lui proposera seront sujettes à changement. La morale changera. Il ne faut pas hésiter à le dire. La morale n'est pas une géométrie:

---

1. Aristote, *Éthique à Nicomaque*, Paris, Garnier, 1961, L. VIII, ch. 1, début

certains comportements, qui semblaient bons, seront rejetés; d'autres, qui semblaient mauvais, seront recommandés. C'est en vain que le vaillant Spinoza a introduit des C.Q.F.D. en morale: on n'emprisonne pas l'air dans un filet.

Vouloir maintenir à tout prix des règles de conduite qui ne cadrent plus avec les progrès de la connaissance sans cesse croissante de l'être humain, c'est de la bêtise. Or nous assistons, grâce aux découvertes de la biologie et de la psychologie, à une véritable révolution dans la connaissance scientifique de l'être humain. La morale qui n'évolue pas au rythme de ces découvertes est forcément qualifiée d'inhumaine. Le code continue d'être la règle de conduite alors qu'il n'est plus le reflet de la nature humaine.

Devant semblable aberration, il faut rappeler sereinement que l'être humain n'est pas fait pour la morale, mais la morale pour l'être humain, tout comme le pied n'est pas fait pour le soulier, mais le soulier pour le pied. Le soulier doit être ajusté au pied et non le pied se loger tant bien que mal dans un soulier fabriqué en son absence. Ainsi, la morale doit d'abord se modeler sur nos besoins pour que nous nous épanouissions ensuite en nous conformant à une morale faite sur mesure. Quand la connaissance de l'être humain progresse, la morale doit s'ajuster.

Répétons-le, il n'y a rien d'arbitraire dans la morale authentique. Elle s'élabore à l'écoute de la nature humaine, et les règles de conduite qu'elle formule et propose ne font que monnayer les aspirations de l'être humain en quête de son bien, de la perfection de son bien et, conséquemment, de son bonheur. Toute règle de conduite qui empêche un être humain de s'épanouir selon quelqu'une de ses dimensions est proprement immorale. La morale authentique est un code de l'épanouissement total de l'être humain.

5. Bien moral et bien réel

Dans la détermination de ce qui leur convient (de ce qui est bon pour eux) et de ce qui ne leur convient pas (de ce qui est mauvais pour eux) — n'hésitons pas à marteler ces idées — les humains se sont souvent trompés et se trompent encore souvent: voulant guérir, ils tuent; voulant aider, ils nuisent; voulant encourager, ils dépriment; voulant la paix, ils allument la guerre. Mais on conviendra aisément que l'idéal à atteindre en matière de conduite humaine, c'est d'amener les gens à guérir quand ils veulent guérir; à aider quand ils veulent aider, etc.

Cependant, le bien réel ne se transforme pas automatiquement en bien moral. On ne peut pas, pour faire de la variété, employer parfois l'expression bien moral et parfois bien réel, comme on le ferait avec les mots avion et aéroplane. Nous verrons que le bien moral peut être un bien réel, mais qu'il peut être aussi un mal réel. Si le bien réel se transformait automatiquement en bien moral, l'animal qui pose les gestes requis pour conserver sa santé et pour prendre soin de ses petits agirait moralement. Agir moralement, c'est poursuivre le bien réel, d'accord, mais c'est le poursuivre d'une manière particulière à préciser maintenant.

Teilhard de Chardin imagine un «pas de la vie» pour désigner le moment insigne où la vie est apparue sur notre petite planète. Non moins remarquable est le moment où la morale y est née. À juste titre, nous parlerons d'un pas de la morale. Visionnons-en la reprise.

5.1 Le pas de la morale

Le minéral et le végétal suivent aveuglément les lois de leur nature: à l'humidité, le fer rouille; au contact de l'air, le potassium se décompose. Ils n'y peuvent rien, n'en savent rien. L'activité des végétaux est frappée de la même cécité:

le prunier ne fait que des prunes; il ne peut décider d'en faire ou de n'en point faire; d'en faire plus ou d'en faire moins. Quant à l'animal, on dit de lui qu'il obéit à son instinct: il pose des actes qu'il n'a pas appris à poser, qu'il ne peut pas ne pas poser.

Parce qu'il est capable de réflexion, l'être humain peut se demander s'il doit faire des enfants ou n'en point faire; en faire un, deux ou davantage; partager ou engranger; résister ou se soumettre. Ce pouvoir de réflexion lui confère la maîtrise de ses actes, de certains de ses actes, car il est parfois emporté par une colère bleue ou abusé par l'erreur.

Avoir la maîtrise ou le contrôle de ses actes, c'est être libre. Et la manière particulière de poursuivre le bien réel pour qu'il se transforme en bien moral, c'est de le poursuivre librement. Le bien moral, c'est le bien réel poursuivi librement. Le domaine de la morale coïncide avec le domaine de la liberté. Le pas de la morale, on le franchit quand on accède au domaine de la liberté. La morale apparaît avec la liberté, elle s'estompe quand s'estompe la liberté et elle disparaît quand disparaît la liberté.

5.2 Volonté, intelligence, liberté

Le mot volonté peut aussi bien évoquer une faculté que l'acte de cette faculté. Comme faculté, la volonté est une puissance qui rend capable de vouloir, à l'instar de la vue qui rend capable de voir et de l'odorat qui rend capable de sentir; comme acte, la volonté désigne ce qui est voulu: faire la volonté de quelqu'un, c'est faire ce qu'il veut.

On s'attendrait à ce que l'emploi du mot volonté soit aussi répandu que l'emploi du verbe vouloir. Ce n'est pas le cas. On dit que le chat veut sortir; que le bourgeon veut éclater; que la pierre veut tomber; qu'il veut pleuvoir, etc. Cependant, on ne parlera pas de la volonté du bourgeon même s'il veut coûte que coûte éclater. La volonté est une faculté réservée aux humains. À proprement parler, les animaux n'ont pas de volonté. Les inclinations — ou les répulsions — qu'ils éprouvent sont consécutives à la connaissance sensible, tandis que la volonté produit des mouvements analogues consécutifs à la connaissance intellectuelle. Comme nous, l'animal peut aimer la musique, mais il ne peut pas désirer en composer. Ce désir naît d'une connaissance qui le dépasse. Quant à la chimie, il ne peut ni l'aimer ni désirer en faire: il pourrait seulement lécher le volume ou le sentir.

C'est dans les circonstances où la volonté s'oppose à l'inclination sensible que sa présence en nous se manifeste le plus clairement. Le palais peut aimer le chocolat, mais la raison y voir un danger pour la santé ou pour la ligne. Un combat s'engage alors entre deux tendances — l'une consécutive à la connaissance sensible, l'autre consécutive à la connaissance intellectuelle. À une personne qui cède au détriment de sa santé, on dira qu'elle manque de volonté. Comme ce genre de conflits éclate cent fois par jour, l'existence de la volonté ne peut pas être mise en doute.

Si les conflits entre les tendances consécutives à la connaissance sensible et les tendances consécutives à la connaissance intellectuelle révèlent à l'évidence l'existence de la volonté, doit-on conclure que, sans ces conflits, la volonté passerait inaperçue? Non; les avantages décelés par l'intelligence ne sont pas tous recherchés la mort dans l'âme. L'effort n'accompagne pas la volonté comme son ombre. Pour conserver sa ligne, il n'y a pas toujours du chocolat ou des pâtisseries à sacrifier: l'exercice physique suffit la plupart du temps, et on peut aimer en faire.

La volonté apparaît donc comme une faculté qui tend au bien connu par l'intelligence et qui cherche à éviter le mal connu de la même manière. Mais puisqu'on définit la liberté comme étant l'état de la personne qui fait ce qu'elle veut, les rapports entre la volonté et la liberté doivent être mis en lumière.

L'emploi du mot liberté est aussi étendu que celui de vouloir. Ici, l'usage ne recule devant rien: ni les choses, ni les végétaux, ni les animaux. On parle d'un corps en chute libre; du sang qui circule librement; du lion en liberté, etc. La liberté qui intéresse la morale, c'est la liberté de la volonté et non point celle du détenu en liberté.

On dit communément qu'une personne est libre quand elle fait ce qu'elle veut, qu'il ne s'exerce sur elle aucune pression extérieure. Mais comme une chose peut être voulue nécessairement, cette définition est inadéquate. Une chose peut être voulue librement et elle peut être voulue nécessairement. Dans ce second cas, il n'y a pas de liberté.

Il y a des choses qu'on a l'impression de vouloir librement. On est en droit, en architecture ou dans les affaires, par exemple, mais on a l'impression qu'on aurait pu choisir une autre carrière: les contraintes extérieures n'étaient pas déterminantes ni l'attrait irrésistible. Après une année ou deux d'études, on ne se sent pas pris au point de ne pouvoir revenir sur sa décision et procéder à un autre choix.

Se sentir libre, c'est avoir l'impression que l'on contrôle ou maîtrise la situation. Le contraire, c'est se sentir esclave. Ce peut être de la cigarette, de la drogue, de la bouteille, etc. Maîtriser ses émotions, c'est ne laisser paraître que celles qu'on veut bien montrer. Un verre de trop peut faire perdre le contrôle des verres qui vont suivre.

À côté de ces choses qu'on a l'impression de vouloir librement, il y en a d'autres qu'on ne peut pas ne pas vouloir. Le bonheur, par exemple, est voulu nécessairement. Un être humain ne peut pas ne pas vouloir être heureux. Pascal l'a dit de façon saisissante: «Tous les hommes recherchent d'être heureux; cela est sans exception. Quelques différents moyens qu'ils y emploient, ils tendent tous à ce but. (...) La volonté ne fait jamais la moindre démarche que vers cet objet. C'est le motif de toutes les actions de tous les hommes, jusqu'à ceux qui vont se pendre.»[2]

La liberté n'est donc pas une faculté: elle est une qualité de la volonté humaine. Nous sommes doués d'une volonté libre — et non d'une volonté et d'une liberté. Je ne peux pas suspendre ma liberté comme je suspends mon ouïe en me bouchant les oreilles. Nous voulons librement certaines choses (presque toutes); nous en voulons nécessairement quelques-unes (dont le bonheur).

Pourquoi en est-il ainsi? Je serais porté à répondre avec le renard du *Petit Prince*: parce que «rien n'est parfait».[3] Parce que rien n'est parfait, ni le célibat, ni le mariage, ni le Québec, ni le Canada, ni le droit, ni les sciences, on peut toujours reconsidérer son choix, peser les inconvénients du droit et opter pour les sciences, ou vice versa; peser les désavantages du célibat et opter pour le mariage. En présence d'un objet sans failles, la volonté serait attirée de façon irrésistible.

Placée sous la dépendance de l'intelligence, la volonté tend vers ce que l'intelligence lui présente comme avantageux et s'éloigne de ce que l'intelligence lui présente comme désavantageux. Mais l'intelligence humaine peut se tromper et se trompe de fait souvent dans l'appréciation de ce qui convient et de ce qui ne convient pas. Sur le plan de la réalité, nous savons où peuvent conduire les erreurs: si les armes nucléaires ne constituent pas le moyen de dissua-

---

2. Pascal, *Pensées*, no 425

3. Antoine de Saint-Exupéry, *Oeuvres*, Paris, Gallimard, coll. «Bibliothèque de la Pléiade» no 98, 1953, *Le petit prince*, XXI, p. 470

sion que les USA et l'URSS voient en elles, l'humanité — ce qui en restera — vivra *The Day After*.

Mais que se passe-t-il sur le plan moral? Eh bien, la personne qui tue en voulant sincèrement guérir ne commet aucune faute morale. Pourquoi? parce qu'elle agit comme un être humain est bâti pour agir. Un être raisonnable agit en être raisonnable quand il se conforme aux exigences de sa raison. S'il se trompe, prenant le bien pour le mal, il doit s'en abstenir; s'il se trompe en sens contraire, prenant le mal pour le bien, il peut le faire; dans certains cas, il doit le faire. Nous reviendrons sur ce point au chapitre suivant en parlant de la conscience morale.

5.3 Morale objective et morale subjective

Ces considérations nous imposent une distinction que doivent accepter ceux mêmes qui voient partout des cheveux coupés en quatre. C'est la distinction entre la morale objective et la morale subjective. Le médecin qui tue en voulant à tout prix guérir n'est certes pas fier de son coup, et personne ne le félicite: il a raté le but qu'un médecin cherche à atteindre en tant que médecin. Objectivement parlant, c'est désastreux. Subjectivement parlant, son action est bonne, puisqu'on suppose qu'il a pris toutes les précautions nécessaires, qu'il a agi du mieux qu'il pouvait. Médicalement, c'est une catastrophe; subjectivement, c'est un acte bon.

Bien entendu, en matière de conduite humaine, l'idéal à atteindre, c'est d'en arriver à ce que le bien moral et le bien réel coïncident, mais, quand ils ne coïncident pas, la bonne volonté, la bonne foi, la sincérité suffit pour qu'un acte objectivement mauvais devienne subjectivement bon. Sur le plan moral, la sincérité suffit, mais, dans la vie, personne ne s'en contente: il ne me suffit pas de savoir que mon chirurgien est bien intentionné...

6. Comment se règle un acte libre

Dans l'état actuel de la science, on ne règle pas sa croissance: tout le monde se laisse pousser et se regarde pousser, avec une mine réjouie ou déconfite. Mais, dans un avenir plus ou moins lointain, la science offrira peut-être aux humains la possibilité de choisir leur stature. Ce sera un problème de plus à résoudre; un choix supplémentaire à faire; une angoisse additionnelle. La nature a réglé beaucoup de choses en moi comme dans l'animal, le végétal et le minéral, mais, dans beaucoup d'autres cas, elle m'abandonne le soin de régler moi-même mon activité. Mon boire, par exemple, n'est pas réglé comme celui du siphon: je ne puis me laisser boire comme je me laisse croître.

Surgit la question cruciale en morale: où donc se règle une activité qui n'est pas réglée par la nature? Platon en connaît sans doute la réponse, mais ne remuons pas ses augustes cendres. Regardons-nous fonctionner et regardons fonctionner les gens. Si vous demandez à une personne pourquoi elle s'est conduite de telle ou telle manière, elle peut donner plusieurs réponses: tout le monde le fait; c'est la coutume; c'est la mode; j'ai obéi aux ordres; c'est permis par la loi; c'est dans la convention collective; j'ai suivi ma conscience, etc. Si elle croit avoir bien agi, chacune de ces réponses se présentera comme une raison, comme une justification. Le bon sens — nom populaire de la raison — demande qu'on fasse ce que tout le monde fait, dira-t-elle. Si elle pense avoir mal agi, elle dira que ça n'a pas de bon sens de modeler sa conduite sur ce que tout le monde fait. Bref, un être humain se justifie en faisant appel à la raison ou au bon sens; il se condamne de la même manière.

L'être humain, comme n'importe quel autre être, agit bien quand il agit conformément à sa nature. Si l'on reprochait au feu de brûler, il se défendrait en invoquant sa nature. On ne s'attend pas à ce que la pierre qui a quitté la fronde dévie de sa trajectoire si la tête qu'elle va fracasser est celle d'un ami au lieu d'être celle d'un loup. Eh bien, ce qui caractérise la nature humaine, c'est une intelligence capable de réflexion, une raison capable de peser et de soupeser.

On admet facilement qu'un acte est bon quand il est conforme à la nature de l'agent qui l'a posé: feu, arbre, chien, enfant, adulte. Les objections surgissent quand on précise qu'agir selon sa nature, dans le cas d'un être humain, c'est agir conformément aux exigences de la raison. On rétorque fort à propos que l'être humain n'est pas seulement une raison: il a un corps, une sensibilité. En lui demandant de régler sa conduite sur sa raison, on a l'impression qu'il doit laisser tomber des choses auxquelles il tient. On a l'impression qu'il devra vivre comme un esprit. Et l'on se surprend à calculer les conséquences de l'avertissement de Pascal: «Qui veut faire l'ange fait la bête».[4]

Personne n'admettrait, à bien y penser, que l'on dise qu'il faut régler son manger sur son estomac. L'estomac ignore que le feu va être maîtrisé dans quelques heures; pompier, je le laisse crier. Le gosier ignore que je vais prendre le volant dans un moment. Les jambes ignorent que la ligne d'arrivée est toute proche. La raison ne règle cependant pas la conduite sans tenir compte de l'estomac et des jambes: ce sont des témoins dont elle note soigneusement la déposition avant de rendre son jugement. Le «ni ange ni bête» de Pascal, c'est ça. L'ange, c'est la raison qui ignore le corps et la sensibilité; la bête, c'est l'estomac, les jambes ou le sexe qui prennent le contrôle de la vie.

---

4. Pascal, *Pensées*, no 358

Chapitre 3

Le jugement moral

Le jugement moral occupe beaucoup de place dans la littérature morale. Le moins qu'on puisse dire, c'est qu'il ne s'agit pas d'une de ces idées «claires et distinctes» de Descartes. Un petit fait. En 1979, j'étais membre du comité consultatif pour l'élaboration du programme de formation morale. Un jour, la discussion porta sur le jugement moral. Afin de m'assurer que tous les membres du comité parlaient de la même chose, je posai la question un peu paysanne: «Qu'est-ce qu'un jugement moral?»

On entendit voler les mouches pendant quelques moments qui me parurent bien longs. Puis, quelqu'un lança: «Laissons tomber *moral* et poursuivons la discussion en parlant simplement de jugement». Les autres n'ayant rien dit, je savais seulement que l'un des membres du groupe ne distinguait pas un simple jugement d'avec un jugement moral.

1. Le jugement et ses espèces

Pour clarifier les choses, disons d'abord que le mot jugement peut signifier la faculté qui permet de porter des jugements, comme la vue est la faculté qui permet de voir. Quand on dit d'une personne qu'elle a un bon jugement, le mot désigne la faculté. Le mot jugement signifie aussi l'acte de juger. Cet acte consiste à affirmer ou à nier quelque chose (couvert) d'un sujet (ciel). Dire: le ciel est couvert, c'est porter un jugement. Nous portons des jugements à coeur de jour. Même ceux qui n'ont pas de jugement en portent.

Si vous y prêtez quelque peu attention, vous verrez que le mot jugement change d'épithète comme on change de chemise. Les juristes à eux seuls en ont inventé une bonne douzaine: jugement interlocutoire, jugement provisoire, jugement de délibéré, etc. Les logiciens ont eux aussi leur éventail de jugements: analytique, synthétique, hypothétique, etc. Quant aux non-spécialistes, ils parlent de jugements moraux, bien sûr, de jugements esthétiques, de jugements de valeur, etc.

2. Le jugement moral

Qu'est-ce qui caractérise chacun de ces jugements et le distingue des autres? Le médecin porte des jugements du point de vue de la santé à conserver ou à recouvrer; le militaire porte des jugements du point de vue de l'ennemi à dissuader ou à détruire; l'ingénieur porte des jugements du point de vue de la solidité de la construction.

De quel point de vue le jugement moral est-il porté? Si le but de la morale a été clairement indiqué en définissant cette dernière comme une science de l'épanouissement total de l'être humain, il est facile de dire de quel point de vue on se place pour porter un jugement moral. Contrairement au militaire, qui cherche à détruire l'être humain ennemi, la morale cherche à construire la personne, à l'épanouir selon toutes ses dimensions; elle cherche sur tous les plans ce qui lui convient. Le jugement moral est donc un jugement porté du point de vue de ce qui convient à un être humain; du point de vue de son épanouissement, de sa réalisation, de son bonheur.

Du même coup, la notion de «choix moral» s'est éclairée. Faire un choix moral, c'est faire un choix qui a pour but l'épanouissement de la personne humaine. On qualifie un certain choix de moral parce qu'il y a d'autres sortes de choix: choix technique, choix artistique, choix économique, choix scientifique, etc.

L'artiste fait des choix: tel matériau (pierre ou bois, par exemple); tel outil, etc. Ce ne sont pas là des choix moraux: ils n'ont pas pour but l'épanouissement de la personne humaine, mais la production du chef-d'oeuvre! Mais quand l'artiste a choisi la sculpture pour s'épanouir lui-même et être heureux, il a fait un choix moral.

Les fabricants du Concorde ont effectué des milliers de choix. Tous ces choix visaient à faire du Concorde la merveille technique qu'il est. C'étaient des choix techniques et non des choix moraux. Le choix moral aurait porté sur le Concorde lui-même. Cet avion contribue-t-il à l'épanouissement de la personne humaine? Voilà la question qu'on ne s'est pas posée, prétend René Dumont dans *L'utopie ou la mort!*, ou à laquelle on a mal répondu.

On comprend également ce dont il est question quand on soulève un «problème moral». On parle du chômage comme d'un problème «moral». C'est juste dans la mesure où le chômage détruit des êtres humains qu'une activité créatrice épanouirait. Un problème moral peut être soulevé au sujet de n'importe quoi: air climatisé, automobile, oeufs à la coque, bains de soleil, etc. Soulever un problème moral, c'est se demander si une chose contribue ou nuit à l'épanouissement de la personne humaine. Moral doit alors s'écrire sans guillemets, bien entendu.

3. Le jugement moral spéculatif

De même qu'il existe plusieurs espèces de triangles (isocèle, équilatéral et scalène) et plusieurs espèces de mensonges (joyeux, officieux et pernicieux), de même il existe plusieurs espèces de jugements moraux. Il y a d'abord le jugement moral simplement spéculatif. Les dictionnaires nous disent que spéculer, c'est faire des spéculations. Ça ne nous avance pas tellement. Des spéculations, ce sont des considérations abstraites: qu'est-ce que je vais faire avec le gros lot si je le gagne? Voilà de la spéculation. La spéculation cesserait si je le gagnais. Il faudrait que j'en dispose non plus en imagination mais dans la réalité.

Un jugement moral peut être purement spéculatif, c'est-à-dire abstrait ou théorique. L'ouvrage de Jean Piaget sur *Le jugement moral chez l'enfant*[1] en est rempli. On raconte aux jeunes des anecdotes portant sur le vol, le mensonge, etc., puis on leur demande qui a bien agi, qui a mal agi, et ce qu'ils auraient fait, eux, à la place du menteur ou du voleur. À ce jeu, les menteurs et les voleurs ne sont pas désavantagés. Avec un stylo volé, on peut obtenir le maximum à un examen sur la justice.

4. Le jugement moral pratique

Le contraire du jour, c'est la nuit; le contraire d'un jugement spéculatif, c'est un jugement pratique. Qu'est-ce qu'on ferait si, si, si? qu'est-ce qu'on pourrait faire? c'est de la spéculation. Une personne «pratique» va vite s'impatienter et dire: «Qu'est-ce qu'on fait?»

---

1. Jean Piaget, *Le jugement moral chez l'enfant*, Paris, P.U.F., 1973

Le jugement pratique, c'est le jugement que l'on porte dans la vie réelle et non en classe. C'est ce jugement-là que la formation morale doit développer. Le but de la formation morale est précisément de faire passer dans la vie les notions élaborées en classe. Il ne suffit pas que la morale soit enseignée, apprise et récitée comme la chimie, l'histoire ou la botanique. Une personne est formée moralement quand elle est capable de mettre en pratique les enseignements qu'elle a reçus.

4.1 La conscience morale

Il existe plusieurs sortes de jugements moraux pratiques. Mais comme la nécessité des autres n'apparaît que si l'on a précisé la nature et le rôle du premier, il est inutile de les annoncer dès maintenant. Le premier, c'est la conscience morale, une activité assez obscure, qu'il faut détailler à tout prix puisqu'elle se situe au coeur même de la vie morale.

Le mot conscience circulait avant de faire son entrée en morale. On avait retiré de l'eau des malheureux que l'on disait inconscients; des moribonds avaient perdu conscience quelques heures avant de rendre le dernier soupir; des gens avaient conscience de leurs responsabilités, d'autres pas. Ces cas relèvent de la conscience dite psychologique et non de la conscience morale. D'ordinaire, le contexte dispense d'ajouter ce pompeux psychologique. La conscience psychologique atteste l'existence d'un acte (j'ai dit telle parole) ou d'un état physique ou mental (j'étais en colère ou fatigué). Elle est un témoin.

Pourtant, contrairement à ce que le langage courant laisse entendre, la conscience morale n'est pas une faculté comme l'intelligence ou la volonté; elle est un acte de la raison, précisément un jugement de la raison. Appliquer ses connaissances de la couture à la confection d'une robe ou d'un pantalon, c'est une action, l'action de coudre. Appliquer ses connaissances morales à la conduite à tenir, c'est également une action. L'ambiguïté du langage vient du fait que l'on désigne cette action non point par un verbe mais par un substantif: la conscience.

Nos anciens manuels de logique distinguaient, dès la première page, trois opérations de l'esprit, à savoir l'appréhension (au sens de saisir et non de craindre), le jugement et le raisonnement. Est-ce que les moralistes nous demandent de compléter cette énumération en ajoutant la conscience? Eh bien, non. Ajouter conscience aux trois opérations précédentes, c'est comme ajouter boa quand on a dit serpent, insecte, oiseau. Le boa est une espèce de serpent; la conscience est une espèce de jugement. La conscience est l'acte de la raison qui tranche, qui juge à mon profit et non à celui du voisin: «Fais ceci, évite cela.»

Remarquons sa manière de parler. La conscience ne dit pas: «Je rendrais la montre que j'aurais trouvée.» Elle dit, me dit: «Rends la montre que tu as trouvée.» Si c'est un ami ou un voisin qui le dit, ce n'est pas un jugement de conscience. C'en serait un pour lui s'il était formulé ainsi: «Dis-lui de rendre la montre qu'il a trouvée.»

Mais qu'est-ce donc que la conscience morale? Dans notre monde fortement influencé par la science, tout le monde sait qu'il existe des sciences pures et des sciences appliquées. Eh bien, en morale comme en génie mécanique, la théorie appelle la pratique; il faut appliquer aux actes de la vie quotidienne les normes mises au point par la réflexion sur l'agir humain. L'étymologie du mot conscience évoque cette opération: con-science, *cum*, avec; *scientia*, science. La conscience, c'est la science des livres mise dans la vie, avec la vie.

En géométrie, les choses se passent différemment. Les théorèmes concernant le triangle, par exemple, s'appliquent sans examen à tous les triangles: base par hauteur sur deux, cela donne automatiquement la surface de n'importe quel triangle. Aussi, les géomètres en tant que géomètres n'ont-ils pas de conscience: leur science géométrique n'est pas doublée d'une conscience géométrique.

Mais la morale n'est pas une géométrie; ses conclusions ne s'appliquent pas mécaniquement, parce que les êtres humains ne sont pas des figures géométriques. Ce qui convient à l'un ne convient pas nécessairement à l'autre; ce qui convient en principe ne convient parfois plus en pratique. Ce que la science morale dit de la grève en général ne peut pas être appliqué sans examen à telle grève particulière. Et c'est à la conscience qu'a été confiée la tâche d'appliquer ou d'ajuster au cas particulier — cette grève, ce mariage, cette protestation, etc. — les conclusions de la science morale. Autrement dit, on a donné le nom de conscience à l'opération par laquelle cette application s'effectue.

De nombreuses expressions du langage courant nous incitent à penser que la conscience est une faculté comme l'intelligence, la volonté, la sensibilité, la vue, etc. On dit de la même manière: volonté forte, conscience large. On parle d'avoir quelque chose sur la conscience comme on a une poussière dans l'oeil. On met la main sur sa conscience comme on la met sur son ventre. Il semblerait même que la conscience, bien qu'en nous, soit distincte de nous: elle a une voix comme mon ami; la voix de la conscience.

Avant de jouer son rôle de juge de l'action à poser, la conscience était déjà installée dans la vie morale. Son rôle consistait à se prononcer sur la valeur d'une action déjà posée. S'agissait-il d'une action répréhensible, elle en mordait l'auteur (remords vient en effet de mordre); s'agissait-il d'une bonne action, elle le félicitait.

Pour distinguer les deux fonctions de la conscience — celle qu'elle remplit avant que l'action ne soit posée et celle qu'elle remplit une fois que l'action a été posée — on a introduit deux lourdes épithètes: antécédente et conséquente. La conscience antécédente intervient avant l'action; c'est elle qui applique au problème particulier les données de la science morale et qui tranche la question de savoir si tel geste doit être posé. La conscience conséquente intervient après l'action pour en approuver ou en blâmer l'auteur.

Toute la morale peut s'élaborer sans que l'on ait besoin d'employer le mot conscience. La réalité qu'il signifie loge bien à l'aise sous d'autres mots: jugement, en particulier. Mais comme il s'est imposé et occupe beaucoup de place, il vaut mieux ne pas le rayer du vocabulaire moral. L'usage s'en chargera s'il devient un jour trop embarrassant.

4.1.1 La conscience fausse oblige

Il va sans dire que l'être humain n'agit pas toujours selon sa conscience. La conscience peut dire: «Avoue pour éviter des ennuis à un innocent», mais il n'est pas sûr que l'aveu intervienne. La conscience peut dire: «Proteste contre cette situation», mais il y a la crainte de s'attirer des ennuis. Pourtant, obéir à sa conscience est la seule façon d'assumer sa responsabilité d'être humain.

Le mot responsabilité vient d'un verbe latin, *respondere*, qui signifie répondre. L'être responsable, c'est l'être qui peut avoir à répondre de ses actes parce qu'il en a eu la maîtrise. La responsabilité qui consiste à répondre de ses actes découle d'une responsabilité plus profonde qui se définit comme une maîtrise des actes qu'on pose.

Cette maîtrise, à quelle condition l'a-t-on? Celui qui est emporté par l'ouragan n'est pas responsable de la vitrine qu'il fracasse; emporté par la colère, on ne l'est pas non plus; mû aveuglément par l'obéissance, non plus. On est responsable quand on agit selon les lumières de SA raison; autrement dit, quand on agit selon SA conscience.

Sa conscience, chacun doit la suivre même si elle est dans l'erreur. Le jésuite Joseph de Finance n'affirme rien de scandaleux quand il écrit: «L'acte dont l'objet est mauvais, mais que le sujet croit bon, par suite d'une erreur involontaire et invincible, cet acte est, formellement et subjectivement, un acte bon»[2]. L'affirmation du Père de Finance n'est qu'un pâle reflet de la position de Thomas d'Aquin sur ce sujet. Si une bonne action est considérée comme mauvaise par la raison, la volonté doit s'en détourner; si une mauvaise action est considérée comme bonne, la volonté incline naturellement à la poser.

Et Thomas d'Aquin n'y va pas de main morte avec ses exemples. Éviter la fornication, dit-il, c'est une bonne chose. Mais s'il arrivait que la raison d'une personne considère comme mauvais d'éviter la fornication et que cette personne évite quand même la fornication, elle commettrait une faute, car elle n'obéirait pas à sa conscience; elle ne se conduirait pas selon les lumières de SA raison.

Son deuxième exemple est encore plus fort quand on sait que Thomas d'Aquin est un saint canonisé de l'Église catholique. Croire en Jésus-Christ, dit-il, c'est une bonne chose, voire nécessaire au salut. Mais si quelqu'un pense que c'est mauvais, il commettra une faute en y croyant[3].

---

2. Joseph de Finance, S.J., *Éthique générale*, Rome, P.U.G., 1967, p. 346

3. Thomas d'Aquin, *Somme théologique*, I-II, q. 29, art. 5

Il est difficile d'affirmer plus fortement l'obligation dans laquelle se trouve toute personne humaine d'obéir à sa conscience. Est-il nécessaire de revenir sur le pourquoi de cette obligation? La conscience, c'est un jugement de la raison. Or nous avons déjà vu qu'est bon ce qui est conforme à la raison; qu'est bon pour moi ce qui est conforme à ma raison, c'est-à-dire à ma conscience. Ne pas obéir à sa raison, c'est refuser d'assumer sa responsabilité. Agir conformément à sa nature, c'est, pour un être humain, se laisser guider par la lumière de sa raison.

Que fais-je de l'obéissance? L'obéissance ne pousse-t-elle pas un être humain à se laisser guider par la raison d'un autre? Il n'est pas facile de discerner les traits de l'obéissance authentique à travers les propos tenus par les gens qui exercent le pouvoir.

Disons d'abord que l'être humain ne se dépouille pas de sa responsabilité en mettant le pied dans le champ de l'obéissance: sa responsabilité l'y accompagne comme sa peau. Sinon, ce serait trop commode. En effet, il est presque toujours possible de trouver un supérieur qui prendrait sur soi d'ordonner à peu près tout ce que l'on veut faire. Sous Hitler, certains chefs enjoignaient d'y aller sans scrupules: «Nous prenons la responsabilité sur nous», comme si la responsabilité se prenait comme on ramasse les factures.

Essayons maintenant de nous faire une juste idée de l'obéissance d'un être responsable. Tout le monde dira qu'elle est une vertu morale, comme la sobriété. Quand on est obéissant, on exécute les ordres, semble-t-il. Mais comment le fait-on? Aveuglément, sans réflexion? Non; il est aussi immoral d'obéir aveuglément qu'il est immoral de tirer aveuglément quand on va à la chasse. Agir moralement, c'est agir conformément aux lumières de sa conscience ou de sa raison.

L'obéissance non seulement ne dispense pas de réfléchir sur l'acte que l'ordre demande de poser, mais elle y oblige, sinon elle ne serait pas morale. Entre l'ordre et l'exécution de l'ordre, la conscience doit jouer son rôle. Car il y a des ordres qu'il ne faut pas exécuter. Et l'obéissance est la vertu morale qui rend apte à distinguer entre les ordres qu'il convient d'exécuter et ceux qu'il ne convient pas d'exécuter. Il y a des gens tellement orgueilleux qu'ils sont incapables de faire cette distinction: ils sont allergiques à tout ce qui est un ordre. L'obéissance contrôle cet orgueil comme la sobriété contrôle l'inclination aux boissons alcooliques. Elle contrôle la tendance spontanée à résister à tout ordre venant de l'extérieur.

La responsabilité, même dans l'obéissance, entraîne un redoutable devoir, parfois, le devoir de désobéissance. La formule fait choc; plus que choc: elle fait scandale. Pourtant, on ne la trouve pas seulement sous la plume ou dans la bouche des anarchistes. Il y a chez Thomas d'Aquin un passage peu cité où il affirme que l'homme n'est pas tenu d'obéir toujours aux ordres qu'il reçoit; dans certains cas, c'est même pour lui un devoir de ne pas obéir[4].

Avec l'obligation d'obéir en tout à sa conscience — même dans l'obéissance civile, militaire ou religieuse — la morale a dépouillé son caractère arbitraire; elle ne frappe plus de l'extérieur comme la pluie et la grêle. Elle est maintenant bien installée au coeur de l'être humain. Je ne dis pas confortablement mais redoutablement. Et l'on comprend la phrase d'Alain placée en épigraphe: «Entrer dans la vie morale, c'est justement se délivrer des règles, juger par soi-même, et, en définitive, n'obéir qu'à soi»[5].

---

4. Thomas d'Aquin, *Sentences*, II, d. 44, q. 2, art 3, sol. 4

5. Alain, *Propos d'un Normand*, Paris, Gallimard, tome III, 1956, XXII, p. 51

Si vous pensez qu'Alain était habité par le démon de la désobéissance quand il a écrit ces lignes, je vous citerai le dominicain Thomas Deman: «En dernier ressort, l'homme relève de son jugement — en ce sens qu'il n'est jamais justifié d'agir à l'encontre de ce que lui-même juge devoir faire ou ne pas faire»[6]. Je présume que mon lecteur ne s'imagine pas qu'il aura tous les jours le devoir de résister à des ordres: le pouvoir n'ordonne pas tous les jours de commettre des crimes. Dans la plupart des cas, les crimes ne sont que permis. Ceux pour qui ce sont des crimes n'ont qu'à s'en abstenir.

Bref, suivre en tout sa conscience, c'est la seule manière de fonctionner qui convienne à un être responsable. C'est terriblement exigeant. Et Jean-Paul Sartre a raison de dire que nous sommes «condamnés» à la liberté.

4.1.2 L'obligation d'éclairer sa conscience

Chaque fois qu'on parle de l'obligation de suivre sa conscience même quand elle est dans l'erreur, l'objection jaillit comme l'éclair: «Oui, mais il faut éclairer sa conscience.» Cette formule, devenue limpide par la répétition, ne constitue pas la moindre objection dès qu'on la scrute un peu.

L'obligation de suivre sa conscience ne comporte aucune exception. On ne doit jamais agir avec la conscience des autres. Quand un voisin me dit: «Éclaire ta conscience», c'est comme quand il me dit: «Rends la montre.» Cet ordre doit être assumé par ma propre conscience. C'est ma conscience qui doit m'ordonner de l'éclairer. On est presque dans un cercle vicieux. Le voisin peut me conseiller

6. Th. Deman, O.P., *La prudence*, Éditions de la revue des jeunes, Paris, Tournai, Rome, 1949, p. 500

d'éclairer ma conscience; chercher à me convaincre de la nécessité de le faire; mais c'est à moi de décider.

Éclairer sa conscience, ce n'est pas la mettre de côté et lui substituer celle d'un supérieur quelconque, qui enjoindrait de faire ceci et d'éviter cela. Fais ceci, évite cela, ce n'est pas de la lumière: ce sont des ordres. La seule manière de procéder pour un éclaireur, c'est de chercher à convaincre en produisant de la lumière, en produisant l'évidence, si possible. Parfois, c'est facile; parfois non. Il est facile d'éclairer la conscience de celui qui part avec mon couvre-chef, mais il ne serait pas facile de convaincre l'espèce de Zorba qui croit que la fornication n'est point un mal.

4.1.3 La sincérité ne suffit pas

Quand on parle de l'obligation de suivre une conscience erronée, les impulsifs réagissent comme nous venons de le voir: «Il faut éclairer sa conscience.» Les insouciants argumentent en faveur de la bonne conscience, de la bonne foi: «Pourquoi troubler ces gens: ils sont bien intentionnés.» En effet, si la bonne intention suffit pour qu'une action mauvaise devienne moralement bonne, pourquoi ne pas laisser les gens agir de bonne foi? S'ils pensent qu'ils peuvent s'absorber dans leurs problèmes d'obésité quand on meurt de faim ailleurs, pourquoi les importuner? S'ils pensent que la fornication est une chose normale, pourquoi gâter leurs plaisirs?

Il ne faudrait pas les importuner si la bonne foi transformait le pétrole en boisson rafraîchissante. Mais, malheureusement pour les partisans de la bonne foi ou de la bonne intention, ces dispositions ne conjurent pas les catastrophes. Fumer de bonne foi n'élimine pas les risques du cancer. C'est pourquoi la morale se présente comme une science qui montre aux gens non pas qu'ils font du mal en agissant de telle ou telle manière, mais qui leur montre qu'ils se font mal, qu'ils se nuisent, qu'ils compromettent leur santé, leurs relations avec les autres, etc. Une morale qui interdit les relations extraconjugales doit être en mesure de montrer que la personne qui les pratique se nuit à elle-même. Il aurait fallu le faire même dans une morale qui fonctionnait en termes d'offenses à Dieu. «Dieu n'est offensé, écrit Thomas d'Aquin, que quand nous agissons contre notre bien», c'est-à-dire quand nous nous faisons du mal[7]. On est loin de «la peine au petit Jésus».

Parmi les formules utilisées — sincérité, bonne volonté, conscience droite, bien intentionné, bonne foi — il en est une qui comporte une équivoque; c'est bien intentionné. Être bien intentionné, c'est forniquer en se disant qu'il n'y a pas de mal à ça; c'est voler le gouvernement en répétant: «Voler le gouvernement, ce n'est pas voler»; c'est piquer en protestant: «Bien non, ce n'est pas voler.» La personne qui agit de la sorte sera dite bien intentionnée, mais il serait équivoque de dire que son intention est bonne, en dépit de l'étroite parenté des termes.

Il existe une intention qui constitue une circonstance de l'acte humain. Par exemple, une personne vole pour venir au secours des pauvres; elle vole pour acheter de la drogue. Son intention, c'est la fin ou le but qu'elle se propose en prenant ce qui appartient à autrui. Quand on parle d'une personne «bien intentionnée», on ne veut pas dire qu'elle agit avec une bonne intention, qu'elle colle une bonne étiquette sur l'acte qu'elle pose. Ce serait trop facile: on peut coller de louables étiquettes sur à peu près tous les crimes. Et la fin, l'intention justifierait les moyens. Être bien intentionné, c'est penser que l'acte que l'on pose est bon.

---

7. Thomas d'Aquin, *Somme contre les Gentils*, III, ch. 122

4.1.4 Les pseudo-dangers d'anarchie

Certains vont dire (plus d'un l'a déjà fait) qu'une telle morale de la primauté de la conscience, même erronée, conduit tout droit à l'anarchie. D'accord, peut-être, si la morale était, comme le prétend Paul Valéry, l'art de faire ce qui déplaît et de ne pas faire ce qui plaît. Mais la morale authentique n'est pas cet art loufoque. Elle est l'art de satisfaire, conformément au bon sens, ses besoins naturels.

Or la nature incline suffisamment chacun de nous vers les fins de l'être humain pour que l'immense majorité puisse prendre, dans chaque situation, la décision qui convient. Dans son *Dictionnaire philosophique*, Voltaire nous livre le résultat de ses observations sur ce sujet: «La morale est la même chez tous les hommes qui font usage de leur raison»[8]. L'empereur Marc-Aurèle fait une remarque semblable dans ses *Pensées pour moi-même*: «En moins de dix jours, tu paraîtras un dieu à ceux qui maintenant te regardent comme un fauve ou un singe, pourvu que tu reviennes aux principes et au culte de la raison»[9].

Puisque la conscience est précisément un acte de la raison, poser, avec le Père Sertillanges, O.P., le précepte suivant: «Obéis à ta conscience» comme «le premier de tous et le seul, au fond», c'est une incitation non point à la pagaille, mais à une large uniformité dans la conduite humaine[10]. Immergée dans une nature aux inclinations fortes, la raison ne livre pas l'être humain à l'arbitraire, au caprice, à la fantaisie.

---

8. Voltaire, *Dictionnaire philosophique*, Paris, Garnier-Flammarion, no 28, 1964, p. 299
9. Marc-Aurèle, *Pensées pour moi-même*, Paris, Garnier, 1951, L. IV, XVI
10. A.D. Sertillanges, O.P., *La philosophie morale de saint Thomas d'Aquin*, Paris, Aubier, 1946, p. 390

4.2 L'action

Le déroulement du processus conduisant à l'action se poursuit. Marquons-le d'un autre exemple. Un caissier prend un billet de vingt dollars pour un billet de cinquante. La conscience du client veinard s'émeut: «Signale-lui son erreur», mais il n'est pas sûr que sa voix sera entendue. Il arrive qu'on passe outre aux ordres de sa conscience. Pour que le processus engagé se termine à l'action, une décision supplémentaire doit être prise, un autre jugement pratique doit être prononcé; c'est la décision de suivre le jugement de la conscience.

Une fois cette décision prise, il reste à agir et à bien agir. La meilleure conscience du monde ne garantit pas que l'action sera un succès. Votre conscience vous ordonne de protester, de dénoncer une situation inacceptable, mais comment vous y prendrez-vous pour que la protestation atteigne son but? Voilà le nouveau problème à résoudre; le principal, car à quoi servirait tout le blablabla précédent si l'action tourne au fiasco?

L'habileté en matière de conduite humaine, l'habileté morale, a déjà porté le nom de prudence. Parler de la prudence en terme d'habileté, c'est assez étonnant pour nous qui concevons la prudence comme une sorte de timidité craintive, une disposition obsédée par les dangers à éviter. Beaucoup se souviennent d'un message qu'on passait à la télévision il y a quelques années: «Chasseur prudent, chasseur vivant.»

Dans l'esprit des gens qui avaient conçu le message, c'était la prudence qui ramenait vivants les chasseurs, mais elle ne se souciait pas de savoir s'ils étaient bredouilles ou pas. La prudence ne les aidait pas à «tuer» — comme disent les chasseurs; elle leur évitait d'être tués. C'est déjà beaucoup, j'en conviens: il vaut évidemment mieux revenir vivant et bredouille que d'être soi-même allongé d'une balle en travers de son orignal.

L'emploi en ce sens du mot prudence est devenu courant, et les dictionnaires l'ont consigné. Ouvrez-en un au hasard et vous lirez, au mot prudence, quelque chose comme suit: qualité qui permet d'éviter erreurs et malheurs. Et l'on vous renverra sans doute au mot précaution. Quand on donne des conseils de prudence aux chasseurs, aux automobilistes ou aux débutants, il est clair que l'accent porte sur les dangers qui les guettent.

Mais, au temps d'Aristote (mort en 322 avant notre ère) et pendant le millénaire et demi qui a suivi, on avait de la prudence une plus haute idée. On parlait, par exemple, d'un militaire prudent pour désigner un homme habile à conduire une opération guerrière; d'un avocat prudent pour désigner une habileté dans un autre secteur de la vie humaine. Quand on parlait, sans restriction, d'une personne prudente, on entendait une personne habile à conduire une vie humaine. Or comme toute vie humaine tend vers le bonheur, une personne prudente, c'était une personne qui savait s'orienter dans les sentiers du bonheur.

La prudence — qui était alors une habileté, je le répète — entrait en scène une fois prise la décision d'obéir aux ordres de la conscience: protester, donner un conseil, faire la paix, etc. Comment s'y prendre pour réussir? tel était le problème auquel elle cherchait une solution. En d'autres termes, comment manoeuvrer pour atteindre l'objectif poursuivi? Dans l'action, rien n'est facile. Une simple remarque se transforme en gaffe si elle n'est pas faite sur le bon ton, avec les bons mots et au bon moment.

Jadis on prétendait — on le prétend toujours — que, pour bien agir, il faut de l'expérience, de la sagacité, de la prévoyance, de la circonspection, de la précaution et quelques autres dispositions difficiles à rencontrer chez une même personne. D'où, peut-être, les innombrables échecs qui jalonnent toute vie humaine. En définissant chacune de ces dispositions, nous serons en mesure d'apprécier le rôle qu'elle joue dans l'action.

4.2.1 L'expérience

L'unité de mesure de l'expérience humaine, c'est l'année, comme le dollar est l'unité de mesure monétaire et le mètre celle de longueur. Avoir moins d'une année d'expérience, c'est un peu comme n'avoir que soixante cents en poche. Même si elle s'exprime en années, l'expérience n'est pas une durée: elle est la somme des connaissances acquises par la pratique d'un métier, par opposition aux connaissances dites livresques.

Dire que l'histoire se répète, c'est schématiser passablement la réalité. En fait, Héraclite était davantage dans le vrai quand il affirmait qu'on ne se baigne jamais deux fois dans le même fleuve. De même, on ne maudit jamais deux fois le même patron; on ne plaint jamais deux fois les mêmes prolétaires. Cependant, il semble que de tous ces cas disparates se dégagent des principes de conduite qui rendent plus facile la solution d'une problème nouveau.

Question de confiance? Peut-être. On a confiance au pilote, au médecin ou au pompier qui ont une longue expérience. Par contre, on est un peu craintif au moment de confier sa vie ou sa santé à des mains novices. On a confiance en son chirurgien expérimenté, mais c'est surtout lui qui a confiance en lui-même, et c'est tellement important pour le succès. Important au point où Alain ne craint pas d'écrire que toute l'éducation consiste à donner aux jeunes une grande confiance en eux-mêmes et à nourrir cette confiance par des victoires[11].

---

11. Alain, *Propos sur l'éducation*, Paris, P.U.F., 1954, p. 5

Mais comme l'expérience est toujours courte par quelque endroit (il est impossible à une personne de vivre toutes les situations qui peuvent se présenter dans un métier ou dans une profession), la personne même la plus expérimentée doit sagement profiter de l'expérience des autres (autres vivants, autres morts) par l'observation, la parole, l'écriture.

Les gens d'expérience se font voler leurs trucs par ceux qui les observent. À part quelques recettes de sauces ou de liqueurs bien gardées, tout s'épie un jour ou l'autre. On peut dire que c'est avant tout par l'observation, puis par l'imitation, que l'humanité a survécu. L'expérience se communique également par la parole. Gaston Berger, fondateur de la prospective et homme d'action s'il en fut, insiste pour que l'action se prépare dans des colloques auxquels participeront même des psychologues et des philosophes... Aucun regard sur la réalité ne doit être ignoré. Enfin, des trésors inestimables d'expérience sont conservés dans les bibliothèques du monde. C'est un autre moyen dont disposent les humains pour exercer leur droit à la continuité.

4.2.2 La sagacité

Les Anciens considéraient la sagacité comme une qualité nécessaire à l'action. Sans elle, on peut exceller en maths, mais non point en politique. La sagacité se définit en bon français comme une «pénétration faite d'intuition, de finesse et de vivacité d'esprit». C'est une qualité qui rend apte à découvrir soi-même et rapidement la manière de se tirer d'affaire sinon d'embarras. Dans certaines circonstances, il faut faire vite et seul: vite, faute de temps; seul, faute de conseillers.

Certains esprits possèdent, semble-t-il, cette qualité, qui leur fait jeter des éclairs de génie dans les situations difficiles et pressantes, alors que d'autres paniqueraient et attraperaient la diarrhée. Les Anciens semblaient dire qu'on naît sagace comme on naît poète. Mais personne, j'imagine, n'est totalement dépourvu de ce point de vue-là. Par la maîtrise de soi et la confiance en soi, le grain de sénevé qu'on en possède deviendra peut-être un grand arbre.

4.2.3 La prévoyance

Le terme latin, c'est *providentia*, qu'on peut rendre par prévoyance ou providence. «Messieurs les moutons, dit le berger d'Alain, je suis votre prévoyance qu'on dit plus noblement providence»[12]. Qu'on parle de prévoyance ou de providence, c'est autre chose que de la simple prévision. Le prophète de malheur prévoit les catastrophes: «Encore quarante jours et Ninive sera détruite.» Si elle ne l'est pas, comme ce fut le cas pour Jonas, le prophète est furieux. Sa réputation de prophète est au diable.

Derrière les mots prévoyance et providence, c'est pourvoir qu'il faut déceler. Pourvoir a donné d'abord pourvoyance avant de donner prévoyance. La prévoyance consiste à prendre les dispositions nécessaires pour faire face à une situation prévue. L'idée de prévoir est donc retenue, mais s'ajoute une préoccupation: celle de conjurer la catastrophe prévue ou de favoriser l'événement heureux qui s'annonce.

La prévoyance nous situe au coeur même de l'action. Tout le reste — expérience, sagacité, circonspection, précaution — tend à ce que l'on prévoie davantage et pourvoie mieux, afin d'assurer l'obtention de la fin visée.

---

12. Alain, *Propos*, Paris, Gallimard, coll. «Bibliothèque de la Pléiade» no 116, 1956, p. 494

4.2.4 La circonspection

Le mot circonspection vient du latin: *circum spicere*, regarder autour de soi. La circonspection est la qualité de qui prend soigneusement note des circonstances avant d'agir. Mais tout ce qui «se tient debout autour» n'est pas circonstance. Que le blessé étendu sur le bord de la route soit un vieillard cardiaque, c'est une particularité dont les brancardiers doivent tenir compte. Qu'une marmotte se chauffe au soleil à deux pas sur un tas de pierres, ce n'en est point une, on le comprend. Les circonstances d'une action, ce sont les particularités susceptibles d'en influencer le résultat. Quand on dit: il n'est pas d'humeur à accepter des reproches, on fait preuve de circonspection.

Comme les circonstances de l'action concrète varient quasi à l'infini, on ne doit jamais répéter les mêmes gestes sans jeter d'abord un coup d'oeil sur les circonstances, peut-être nouvelles. Il faut y penser quand on s'apprête à invoquer un précédent: la situation est rarement identique. La circonspection doit nous rendre méfiants envers les analogies: ce qui a réussi dans un cas peut fort bien échouer dans un autre qui semble analogue.

Certains auteurs parlent de la circonspection sans la nommer par son nom. Ainsi, dans *Le plan ou l'anti-hasard*, Pierre Massé suggère que tout programme d'action contienne une partie à l'encre et une partie au plomb. La partie au plomb peut s'effacer s'il est besoin d'ajuster le programme à des circonstances nouvelles[13]. C'est la vieille circonspection qui refait surface à travers les jolies métaphores de Pierre Massé.

---

13. Pierre Massé, *Le plan ou l'anti-hasard*, Paris, Gallimard, coll. «Idées» no 78, 1965, p. 41

4.2.5 La précaution

Le mot précaution vient du latin *prae-cavere*, qui signifie éviter, prendre garde. Il attire l'attention sur le mal à éviter. Quand le *Petit Robert* définit la précaution comme une «manière d'agir prudente, circonspecte», il embrouille un peu les choses. La précaution et la circonspection sont à l'agir ce que l'ouïe et la vue sont au corps: deux organes qui remplissent des fonctions différentes.

La circonspection: il pleut; la précaution: s'il pleut. Je pars pour le bureau et il pleut. C'est une circonstance dont je dois tenir compte: je mets mon imperméable. Un autre jour, il ne pleut pas, mais il y a des risques. Je prends mes précautions: j'apporte mon imperméable. La circonspection porte sur le présent; la précaution porte sur le futur.

Compliquons un peu les choses. Par la précaution, on cherche à éviter le mal à venir, mais il y a le mal du pont défectueux qui s'écroule et le mal du pont qu'un séisme jette au fond de la rivière. L'ingénieur qui calcule la résistance des matériaux, qui sait ce qui suffit pour que le pont soit solide et qui sait également ce qui serait insuffisant, n'agit pas avec précaution; il agit avec compétence. C'est par sa compétence et non par sa précaution qu'il évite la catastrophe de l'écroulement.

La précaution porte sur les catastrophes qui viennent non de son incompétence, mais de l'extérieur, comme les séismes, les ouragans, les inondations, etc. On accusera l'architecte d'avoir manqué de précaution s'il construit sans s'en soucier un édifice dans une zone exposée aux tremblements de terre.

Toutes ces qualités, nécessaires à la bonne conduite des affaires humaines, les Anciens les avaient groupées en un faisceau qu'ils désignaient du nom de prudence. Pour eux, le mot évoquait expérience, prévoyance, circonspection, précaution, etc. Le mot n'est plus employé en ce riche sens; il ne signifie d'ordinaire que la précaution, mais rien n'a été perdu de la réalité, qui se présente cependant éparpillée. On n'a plus de bouquet, on a des fleurs.

À ce moment-ci de nos considérations, nous savons comment nous y prendre pour bien agir. Mais suffit-il de savoir? Non. Il ne suffit même pas de vouloir: bien des fumeurs savent et veulent, mais ils ne peuvent pas. Chaque jour, il arrive à quelqu'un d'entre nous de ne pas poser un geste qu'il voudrait poser. Pourquoi? Dans bien des cas, c'est la peur qui paralyse, ou la paresse, ou la pitié, ou l'égoïsme. Ceci nous amène à parler de ce qui donne le pouvoir d'agir ou le pouvoir d'exécuter le plan que nous venons d'apprendre à crayonner.

Chapitre 4

Les qualités morales

Les qualités que l'éducation développe ne sont pas toutes morales. Devenir mathématicien, ingénieur, avocat, médecin ou musicien, c'est acquérir des qualités, des habiletés, des capacités, mais personne ne les qualifie de morales. Ce sont cependant d'authentiques capacités: l'ingénieur a appris à faire des choses dont le musicien est incapable, et vice versa. Mais la qualité d'ingénieur ou de musicien est une capacité ou une qualité intellectuelle. À côté des qualités intellectuelles, il y a les qualités corporelles. Être en santé, vigoureux, résistant, souple, etc., ce sont des qualités du corps. Le programme d'éducation physique s'efforce de les développer.

Par contre, devenir sobre, courageux, tolérant, généreux, tout le monde sera d'accord pour dire que c'est là acquérir des qualités morales. On ne s'en tiendra pas au flair: il faudra voir clairement pourquoi; il faudra mettre en évidence ce qui caractérise la qualité morale et la différencie de la qualité intellectuelle ou de la qualité corporelle. Mais auparavant descendons un moment au séjour des morts pour nous pencher sur le cadavre de la vertu morale.

1. Le mot vertu est mort

On souligne en 1984 le cinquantième anniversaire de la mort du mot vertu... En effet, c'est en 1934 que Paul Valéry entonnait en ces termes son *Rapport sur les prix de vertu* non pas dans un couvent, mais à l'Académie française: «VERTU, Messieurs, ce mot *Vertu* est mort, ou, du moins, il se meurt. *Vertu* ne se dit plus qu'à peine. J'avoue ne l'avoir jamais entendu. Ou, plutôt, et c'est plus grave, les rares fois où je l'ai entendu, il était ironiquement dit. Je ne me souviens pas, non plus, de l'avoir lu dans les livres les plus lus et les plus estimés de notre temps»[1].

Certains courtiseraient volontiers la morale si elle acceptait de congédier son glacial chaperon, la vertu. Malencontreuse erreur. Aimer ses inclinations naturelles, comme le demande la morale, et détester la vertu, c'est comme aimer manger et détester l'art culinaire, qui rend la chose encore plus agréable. La vertu authentique n'a qu'un rôle: permettre à l'être humain de mieux suivre ses inclinations naturelles, comme l'art culinaire lui permet de mieux satisfaire son besoin et son désir de manger. Renouer la vieille amitié du plaisir et de la vertu, tel est mon ambitieux propos.

Mais par quel concours de circonstances la vertu a-t-elle donc perdu sa majesté et son attrait? J'en vois spontanément deux. Si des loups déguisés en brebis se glissaient dans les bergeries, nos inoffensifs moutons passeraient bientôt pour de redoutables grandes gueules. Eh bien, c'est

1. Paul Valéry, *Oeuvres*, Pléiade, tome II, pp. 939-940

ce qui s'est produit chez les vertus. Leur choeur est pourri de vices déguisés en vertus. Et comme il y a plusieurs façons de pécher contre chaque vertu, chacune d'elles est entourée de quelques vices qui portent son nom.

La peur du risque, l'indécision prennent le nom de prudence; la témérité s'appelle courage; la lâcheté se nomme patience; la bêtise se fait passer pour l'obéissance; la cruauté circule avec la balance de la justice à la main; le racisme se donne pour le patriotisme; la bigoterie se prend pour la piété, l'égoïsme pour de la charité bien ordonnée, etc. Bref, il n'est point de vice qui ne parvienne à ajuster sur sa tête cornue le bonnet de quelque vertu, quand ce n'est pas de plusieurs. Et tous ces vices déguisés en vertus ont fait détester la vertu authentique.

De plus (et c'est le deuxième concours de circonstances) la vertu a été victime de l'usage, qui règne en maître sur le langage. Le mot vertu partage le triste sort de tant d'autres mots qui avaient été formés avec soin, mais que l'usage a coupés de leurs nobles origines. Dérivé du latin *virtus*, lui-même formé de *vir* (homme, au sens où il exclut les femmes), le mot vertu a d'abord signifié la force physique. Le vertueux, à cette époque-là, c'était l'homme et non la femme. Et il était vertueux de la vertu du taureau. Il n'y avait pas de quoi rendre les femmes jalouses.

Comme la force physique jouait un grand rôle à la guerre (le muscle y tenant lieu de poudre) et qu'on se battait constamment, le bon soldat, le soldat efficace, qu'on dit courageux, était dit vertueux. On passait ainsi de la force physique à la valeur militaire et au courage.

De là, on n'a pas de peine à comprendre comment et pourquoi on a étendu le mot jusqu'aux remèdes. La vertu d'une potion, c'est la vaillance qu'elle déploie dans sa lutte contre une maladie. La vertu d'un remède, comme celle d'un soldat, se mesure à son efficacité. «La vertu n'est qu'efficacité», dit fort justement Alain[2].

Mais un jour, quelqu'un s'est avisé de dire, avec un certain sourire, j'imagine: elle a perdu sa vertu! Ou encore: c'est une femme de petite vertu! Le contexte ne prêtait aucunement à équivoque: il ne s'agissait ni du courage ni de la justice, mais bien de la chasteté. Un phénomène linguistique venait de se produire: l'antonomase. Approchons doucement cette bête.

Employé normalement pour désigner toutes les vertus, le mot vertu était devenu le nom de l'une d'entre elles. Le langage courant abonde en antonomases. Le mot philosophe, par exemple, recouvre une pléiade de penseurs: Socrate, Platon, Aristote, Sénèque, Avicenne, Abélard, Descartes, Kant, Marx, Sartre et bien d'autres. Mais, au XIIe siècle, on s'est mis à parler du Philosophe avec un grand P. Le Philosophe, c'était Aristote. Le même phénomène a joué dans le domaine des passions. Quand on parle d'un crime passionnel, personne ne pense à la colère: par antonomase, la passion, c'est l'amour. De même, par antonomase, la vertu était devenue la chasteté.

Dans un monde où il n'y avait plus qu'un vice, l'impureté, il était normal que la pureté devienne LA vertu, comme l'amour était LA passion. D'autres expressions venaient en aide à l'antonomase dans son effort de survalorisation de la pureté. On en parlait comme de la «sainte vertu». Feignant de ne pas connaître la charité, Pierre Damien couronnait la chasteté «reine des vertus».

---

2. Alain, *Définitions*, Paris, Gallimard, 1953, p. 231

2. La réalité survit

Le mot vertu, au sens de vertu morale, continuera de faire sourire encore longtemps, sans doute; longtemps encore, il sera ironiquement dit; on ne le rencontrera pas de sitôt dans les livres les plus lus. Mais qu'importe, au fond! Passent les mots pourvu que demeurent les choses qui doivent durer. Qu'on essaie ou non de réhabiliter le mot vertu, qu'on y parvienne ou non, l'essentiel, c'est de redécouvrir la réalité qu'il signifiait au temps de sa gloire.

Pour redécouvrir cette réalité, regardons agir les gens dans l'un ou l'autre des secteurs de leur activité. Au baseball, le lanceur qui désire ajouter la balle tire-bouchon ou la balle papillon au registre de ses lancers multiplie les exercices. Le funambule n'a pas marché au premier essai sur la corde raide. Le contorsionniste n'a pas, du premier coup, rapiécé son pantalon sans le retirer. Dans quelque domaine que ce soit de l'activité humaine, (musique, peinture, sculpture, danse, judo, escrime, etc.), c'est par des exercices longtemps répétés qu'on en arrive à exécuter avec facilité, perfection et plaisir ce en quoi on désire exceller. (Le plaisir promis au début de ce chapitre vient de présenter son museau.)

Quand les exercices répétés portent sur une inclination naturelle dont on veut régler les actes, le résultat est une habitude qui a nom vertu morale. La justice n'est rien d'autre que l'habitude de rendre à chacun ce qui lui est dû. La sobriété n'est rien d'autre que l'habitude de boire comme il convient dans les circonstances. Le courage n'est rien d'autre que l'habitude de supporter comme il convient ce qu'il faut supporter et de combattre comme il convient ce qu'il faut combattre. Et il en est ainsi de toutes les vertus.

Dans chaque art et dans chaque sport, chaque difficulté nouvelle doit être vaincue par des exercices spéciaux et répétés. En devenant pianiste, on ne devient pas violoniste par surcroît. Chacun de ces arts est engendré par des exercices appropriés. Il en est ainsi dans le domaine de la morale. Les difficultés du boire diffèrent des difficultés du manger. Tel mange raisonnablement qui boit comme un trou. Tel autre est plus facilement courageux que chaste. Chaque difficulté nouvelle doit être vaincue par des exercices particuliers.

Le résultat en est une qualité stable, une disposition habituelle, fruit d'actes souvent et longtemps répétés, qui rendent l'action facile et agréable dans des domaines où elle était d'abord difficile et pénible. Cautionnée par Nietzsche, cette définition de la vertu morale retient davantage l'attention: «Encore une fois, écrit-il, ce qui importe avant tout 'sur la terre comme au ciel', à ce qu'il semble, c'est d'obéir longuement et dans un seul sens: à la longue il en sort et il en est toujours sorti quelque chose pour quoi il vaut la peine de vivre, vertu, art, etc.»[3].

Nietzsche a cependant besoin d'une légère correction. La phrase suivante: «Il finit par en résulter quelque chose *pour quoi* il vaut la *peine* de vivre» doit être modifiée dans le sens suivant: «Il finit par en résulter quelque chose *par quoi* on peut vivre *sans peine*.» En effet, on ne vit pas *pour* cela mais *par* cela. Le virtuose vit *pour* la musique et il en vit *par* sa virtuosité.

Pour bien exécuter ce qu'il entreprend, le menuisier a besoin de multiples outils: marteau, scie, rabot, équerre, etc. Il agit *par* eux et non *pour* eux, cela est évident. Un menuisier peut travailler *pour* sa famille, mais celui qui dirait travailler *pour* ses outils ne manquerait pas d'étonner. De même, l'homme qui se conduit bien doit manger comme il

---

3. Nietzsche, *Par-delà bien et mal*, Paris, Gallimard, 1975, 188, p. 111

convient, boire comme il convient, se distraire comme il convient, supporter certaines choses, en combattre d'autres, fuir certains plaisirs, dire certaines vérités, rendre à chacun ce qui lui est dû, etc. Les différentes vertus morales lui offrent leur aide comme les outils offrent la leur au menuisier. L'homme agit bien *par* ses vertus morales et non *pour* elles.

Ainsi comprise, et c'est ainsi qu'il faut la comprendre, la vertu morale n'a rien de rébarbatif. Elle s'ajoute à l'inclination naturelle pour la perfectionner, comme la scie s'ajuste à la main pour la servir. On peut briser une branche avec ses mains, mais il est plus facile de la couper avec une scie. On peut, à l'occasion, boire raisonnablement sans un long entraînement, mais les exercices répétés rendent la chose plus facile. Celui qui a l'habitude de rendre à chacun ce qui lui est dû n'y manquera pas facilement. L'habitude devient une seconde nature, c'est bien connu.

3. La qualité morale

Essayons maintenant de distinguer clairement une qualité morale d'avec une qualité corporelle ou d'avec une qualité intellectuelle. Comme il existe plusieurs façons de définir la morale, il y a peut-être plusieurs façons de définir la qualité morale. Nous allons tenter quelques approches. Une première en faisant un petit détour par Natashquan.

3.1 Le sujet de la qualité morale

Dans une de ses chansons, Gilles Vigneault dit qu'il a la danse aux pieds. On ne s'attendait pas à ce qu'il dise: «J'ai la danse sur le bout de la langue.» Il y a une place pour chaque chose. On a la puce à l'oreille, la larme à l'oeil, le mot sur le bout de la langue, le sourire aux lèvres, quelqu'un à dos, la rage au coeur, la «bibite» aux doigts, des fourmis dans les jambes, la danse aux pieds.

De même, certaines qualités humaines sont dans le corps comme dans leur sujet ou support. Le corps humain peut être en santé, beau, agile, souple, vigoureux, etc. D'autres qualités sont dans l'intelligence. Il n'y a pas d'animaux physiciens, mathématiciens, psychologues ou pianistes. Les seuls êtres que l'on qualifie ainsi sont les humains, car il faut être intelligent pour acquérir ces sciences ou ces arts.

Où placer les qualités morales comme le courage, la justice, la sobriété, la patience, la générosité, la bienveillance? Personne ne dira que ce sont des qualités du corps. Des qualités de l'intelligence, alors, comme les sciences et les arts? Dès que l'on songe à la distinction entre savoir, vouloir et pouvoir, on doit répondre non. On peut savoir et ne pas vouloir; on peut savoir et vouloir et ne pas pouvoir. Savoir qu'il faudrait cesser de fumer ou abandonner la bouteille, mais ne pas le vouloir ou ne pas le pouvoir.

Les qualités morales concernent le vouloir et le pouvoir. Ce sont des qualités de l'affectivité. L'affectivité? Le mot évoque certains états d'âme dits états affectifs comme les émotions, les sentiments, les passions. L'amour est un état affectif de même que la haine, la joie, la tristesse, l'angoisse, etc.

Le terme d'affectivité englobe la sensibilité et la volonté. En effet, l'amour, par exemple, peut être sensible, c'est-à-dire consécutif à la connaissance sensible. J'aime le chocolat parce que j'en ai mangé. Il a été agréable à mon sens du goût. D'autres choses sont agréables à l'ouïe, à la vue ou au toucher. L'amour (ou la haine) peut être consécutif à la connaissance intellectuelle. On ne déguste pas les mathématiques comme on déguste le vin. La personne qui les aime ne les aime pas d'un amour sensible, mais d'un amour de volonté, la volonté étant l'inclination au bien connu par l'intelligence (ou une répulsion s'il agit d'un mal).

Le terme d'affectivité pourrait être remplacé par celui d'appétit. Du latin *appetere*, se porter vers, désirer, rechercher. On a de l'appétit, un mets est appétissant. Au figuré, les gens sont plus ou moins appétissants. Et l'appétit n'est pas resté à la table: il s'est mis au lit pour satisfaire l'appétit sexuel, puis à l'étude pour satisfaire l'appétit de savoir et au coeur de la vie pour satisfaire l'appétit de bonheur.

On pourrait dire fort justement que les qualités morales sont des qualités de l'appétit: appétit sensible ou inclination consécutive à la connaissance sensible; appétit intellectuel ou intellectif, c'est-à-dire inclination consécutive à la connaissance intellectuelle.

Et l'on a rejoint l'étymologie même du mot morale: *mos*, au sens d'inclination naturelle à agir. Inclination à manger, à boire, à jouer, à connaître, etc. Les qualités morales règlent les inclinations consécutives aux besoins humains. Il y aura donc autant de qualités morales qu'il y a d'inclinations à discipliner. (Et peut-être plusieurs qualités dans la même inclination.)

3.2 L'objet de la qualité morale

Dans beaucoup de définitions, la morale est présentée comme une science *normative*. Ce n'est pas une calamité, loin de là. La grammaire aussi est normative: elle enseigne les règles à observer pour parler et écrire correctement. La logique est normative: elle enseigne les règles à observer pour penser correctement. L'art est normatif: il enseigne les règles à observer pour exécuter une oeuvre. La morale est normative: elle enseigne les règles à observer pour vivre correctement, pour se bien conduire.

Mais vivre correctement n'est-ce pas parler correctement, penser correctement, cuisiner correctement, soigner correctement? Si donc la grammaire enseigne à parler correctement, il semblerait que la morale n'a rien à faire dans ce secteur; que le langage lui échappe. Et l'on voit la morale se réfugier dans les secteurs que rien ne règle: ni la grammaire, ni la logique, ni le code Morin, ni soeur Berthe.

Pourtant, on sent bien qu'il ne suffit pas de parler correctement pour se bien conduire, pour vivre correctement: médire en un français châtié, c'est commettre une faute morale. On peut briser des réputations à coups d'alexandrins parfaits ou de sonnets impeccables. Un libelle diffamatoire peut ne contenir aucune faute de français: ni barbarismes ni solécismes.

C'est quoi se bien conduire, vivre correctement? Écoutons parler les gens. Si quelqu'un se trompe en jouant du piano, personne ne dira qu'il se conduit mal. On dira tout simplement qu'il n'est pas un virtuose. Mais s'il joue du piano à tue-tête, à deux heures de la nuit, au désespoir de ses voisins, là on dira qu'il se conduit mal. Bien se conduire et mal conduire son piano, c'est une distinction que tout le monde fait inconsciemment. On peut faire des reproches d'ordre moral à une personne qui a produit un chef-d'oeuvre artistique ou scientifique.

D'une personne qui maîtrise parfaitement sa grammaire, on ne dira pas qu'elle se conduit bien, qu'elle est bonne tout court, mais on précisera: elle est une bonne grammairienne. D'une autre, on dira qu'elle est bonne logicienne, bonne avocate, bonne psychologue, etc. La personne qui vit correctement, en observant les règles de la morale, sera dite bonne sans précision de secteur de la vie.

Les règles ou les normes morales sont établies pour que soit bon non pas le grammairien, mais que le soit l'être humain tout entier, tandis que les règles de l'art le sont pour que l'oeuvre d'art soit bonne. Si l'artiste est habile et observe les règles de son art, il produira un chef-d'oeuvre, mais pourra être blâmé pour l'avoir exécuté à un moment où il devait faire autre chose. L'artiste a été impeccable; l'être humain a commis une faute morale.

De quels points de vue se place-t-on pour porter ces deux jugements? Pour dire qu'un texte français est bien écrit, on le confronte avec la grammaire française; un texte anglais devrait observer les règles de la grammaire anglaise. Dans le cas de la morale, on se tourne vers quoi? Comment peut-on avoir un chef-d'oeuvre qui soit une faute morale? Pour prononcer ce jugement, il faut se placer du point de vue de la morale, à savoir le bien total (corps, coeur, esprit) de la personne humaine. Ce bien, l'être humain le recherche, selon qu'il le perçoit, à chaque instant de sa vie. En morale, on ne se demande pas si la phrase est conforme aux règles d'une grammaire; on se demande s'il convient qu'un être intelligent et libre la prononce ou l'écrive.

Qui connaît sa grammaire juge normal d'en observer les règles en écrivant. C'est un geste moral, comme en est un la décision d'observer les lois de la résistance des matériaux quand on est ingénieur. Mais, dans certaines circonstances, la morale pourrait demander qu'on viole la grammaire. Saint Augustin avance ce principe et donne des exemples pour le latin. Si, pour être compris de son interlocuteur, il faut faire quelques fautes de français, le bon sens ou la morale demande de les faire: si l'interlocuteur ignore que bail fait baux au pluriel, on y va pour bails!

Du point de vue de la morale, il ne suffit pas que ce soit vrai et beau. La considération des choses sous l'angle de la beauté relève de l'esthétique. En art culinaire, un beau plat n'est pas nécessairement un bon plat. La morale demande que le mets soit bon pour la santé. S'il est beau en plus, tant mieux. Mais il est inutile de rendre beau le plat à proscrire: les doigts d'artiste du chef ne l'exorcisent pas.

De même, être vrai, ce n'est pas nécessairement être bon. La science pourrait aligner d'innombrables vérités qui répugneraient au bon sens, donc à la morale. Il s'en est découvert un certain nombre pendant la guerre. Il s'en découvre encore parce que la science se soucie davantage de son progrès — si tant est qu'on peut parler de progrès — que des retombées sur l'épanouissement des humains, objet de la morale.

3.3 Qualité morale et liberté

Si la morale est un phénomène humain, si elle est l'apanage de l'être humain, c'est-à-dire d'un être qui échappe à l'instinct, la valeur morale devrait pouvoir se définir en terme de liberté. Comme la liberté permet de faire des choix — ce dont le prunier et le renard sont incapables — la qualité morale sera une qualité qui permet à l'être humain de faire tourner à son avantage l'exercice de sa liberté.

Qualité morale, la sobriété rend libre en face de la bouteille: elle rend possible le choix qui convient dans une situation donnée. Ce pourrait être le choix de n'en point prendre ou de cesser d'en prendre après trois verres. Qualité morale, le courage rend libre devant la peur: peur de l'effort, peur de parler, peur du lendemain, etc. Le courageux ne se laisse pas dicter sa conduite par la peur. Qualité morale, la justice rend libre devant les richesses. Elle rend capable de choisir sa part et de laisser aux autres la leur.

On m'objectera que l'artiste aussi fait des choix. Sculpteur, il choisit tel matériau, tel outil, par exemple. Ce ne sont pas des choix moraux. Pourquoi? ils ne sont pas faits pour que l'artiste devienne meilleur, mais pour que l'oeuvre soit meilleure. Toute la différence est là. Le choix moral est fait pour que l'être humain soit meilleur selon l'une ou l'autre de ses dimensions. Choisir de faire du conditionnement physique, c'est un choix moral, un choix en vue d'améliorer la dimension corporelle. Choisir de développer sa dimension artistique par la musique, c'est un choix moral. Mais choisir telle marque de piano pour que la musique soit meilleure, c'est un choix artistique.

L'objection peut porter sur la science. Le scientifique fait des choix. Il choisit de vérifier telle hypothèse plutôt que telle autre; de suivre telle piste plutôt que telle autre. Ces choix ne sont pas orientés vers son épanouissement personnel, mais vers la découverte de la vérité. Et, encore une fois, niche là la différence entre une qualité morale et une qualité intellectuelle. Mais le choix des mathématiques, de la physique, de la psychologie ou de l'économique pour développer sa dimension intellectuelle est un choix moral.

4. Division des qualités morales

Les moralistes nous présentent une immense gerbe de qualités morales: sobriété, courage, générosité, douceur, justice, tempérance, magnanimité, tolérance, etc. Mais ils n'ont pas fabriqué de leurs mains les fleurs de ce gigantesque bouquet: ils les ont cueillies dans le jardin de la vie humaine. Notre problème: pourquoi y a-t-il plusieurs qualités morales et non pas une seule?

Procédons par analogie. Demandons au domaine mieux connu de l'art de jeter un peu de lumière sur notre problème. La personne qui sait jouer du piano ne sait pas pour autant jouer du violon ou de la harpe. Chaque instrument qu'elle entend maîtriser exige des exercices spéciaux et fréquemment répétés. Chaque instrument présente des difficultés particulières à vaincre par de patients exercices.

De même, la personne qui sait jouer au tennis ne sait pas du même coup jouer au golf ou à la pétanque. Il y a cependant des qualités communes à tous les sports; ces qualités facilitent l'apprentissage d'un sport nouveau à qui en connaît un parfaitement.

Toute proportion gardée — j'ai parlé d'une analogie — il en est ainsi dans le domaine de la morale. Pour être sobre, on n'en est pas juste du même coup. On peut, en effet, avoir maîtrisé son penchant pour les boissons alcooliques sans avoir maîtrisé son amour des richesses. De même qu'on ne devient pas golfeur et menuisier par les mêmes exercices, ainsi on ne devient pas juste et courageux par les mêmes exercices, en posant les mêmes actes. Les difficultés spéciales de chaque domaine doivent être vaincues par des exercices appropriés. C'est en forgeant qu'on devient forgeron, dit le proverbe. Il ne dit pas qu'en forgeant on devient musicien. On dit bien que c'est en bûchant qu'on s'instruit, mais alors on fait une figure de style.

Il y a donc autant de qualités morales qu'il y a d'inclinations naturelles à contrôler et à perfectionner: inclination à boire, inclination à manger, inclination à apprendre, inclination d'un sexe vers l'autre (ou vers le même), inclination à la vengeance, etc. Si une inclination présente plusieurs difficultés particulières, elle nécessitera des exercices différents et partant sera le sujet de plusieurs qualités.

Pour illustrer ce dernier cas, prenons l'exemple de la justice. Toutes les définitions qu'on en donne reviennent à dire qu'elle est la qualité qui fait rendre à chacun ce qui lui est dû. Mais on peut distinguer à peu près une douzaine de dus différents. Le dû à un bienfaiteur donnera lieu à une qualité morale qui s'appelle la reconnaissance. Le patriotisme est la qualité de la personne qui s'acquitte de ses devoirs envers la patrie. L'équité est la qualité de la personne qui rend le dû en dépit de la lettre de la loi. La générosité est une autre façon de rendre le dû: non point rigoureusement mais avec abondance.

5. Le juste milieu

Il y a plus de deux mille ans, Aristote a enseigné que «la vertu morale consiste en un juste milieu». La civilisation de langue latine, qui a succédé à la civilisation grecque, a recueilli la formule et l'a traduite par le mot latin *mediocritas*. Suivirent les Français, qui traduisirent *mediocritas* par médiocrité. Ronsard, au XVIe siècle, parle des vertus morales, qui consistent dans la médiocrité. Au siècle suivant, La Fontaine met dans la bouche de pauvres gens rendus malheureux par trop de fortune la prière suivante: «O Médiocrité, reviens vite»[4].

Mais un jour, l'usage, maître du bon parler, colla au mot médiocrité l'idée d'insuffisance. Elle lui est restée. C'est pourquoi, on ne peut plus parler avec Ronsard de la médiocrité des vertus morales. Il faut reparler du juste milieu, en ayant soin de couper tous les liens qui l'attachaient jadis à la médiocrité, car la médiocrité n'est plus d'or comme au temps d'Horace: *aurea mediocritas*.

Pour comprendre que l'idée de juste milieu n'est point une invitation à la médiocrité au sens actuel du terme, il suffit de scruter la formule à la lumière de situations prises sur le vif. Tout le monde admet (sauf ceux qui les touchent) que certains revenus sont trop élevés. Tout le monde admet (sauf ceux qui les versent) que certains salaires sont trop maigres. Tout le monde admet que certains produits coûtent trop cher; que d'autres se vendent trop bon marché.

---

4. La Fontaine, *Fables*, Paris, Hachette, 1961, VII, 6, p. 150

En matière de justice, on rencontre donc le trop (l'excès) et le trop peu (le défaut). Le juste milieu, en l'occurrence, ne fait pas de problème. Personne ne le prend pour de la médiocrité au sens péjoratif du terme. Personne ne taxe de médiocrité le geste qui coupe les revenus excessifs et qui arrondit les revenus trop faibles.

Autre exemple. On sait que la sobriété est une vertu qui règle l'usage des boissons enivrantes. Sottement compris, le juste milieu en cette matière capiteuse demanderait à une personne qui a une capacité de dix onces en cinq heures de n'en ingurgiter que cinq: cinq est le milieu entre dix et zéro. Agir ainsi, ce serait tremper dans la médiocrité au sens péjoratif du terme.

Le juste milieu en cette matière ne se calcule pas en regard de la seule capacité du buveur, mais en tenant compte de toutes les circonstances. Elles sont innombrables: boire chez soi, boire avant de prendre le volant, boire avant de jouer du bistouri, boire aux commandes d'un 747, etc. Ce qui est raisonnable dans un cas peut être excessif dans un autre. Pourtant, la capacité du buveur n'a pas changé. Mais les circonstances ont changé, et a changé du même coup le juste milieu. Chaque personne n'a pas son juste milieu de sobriété comme elle a sa catégorie de sang: elle en a mille.

Dernier exemple. Le juste milieu dans le châtiment. Il ne consiste pas à frapper moins fort qu'on le pourrait, à s'en tenir, par exemple, à la moitié de sa capacité de corriger. Le juste milieu consiste à punir comme les circonstances le demandent: faute à punir, condition du coupable, etc. On peut facilement imaginer des cas où le juste milieu est inaccessible à une personne, tout ce qu'elle peut donner ne suffisant pas.

À force d'insister sur l'idée de juste milieu ou de répéter l'*in medio stat virtus* (la vertu se tient au milieu), on a créé l'impression que vivre moralement, c'était vivre médiocrement; que la vie morale était une vie monotone, une vie sans vertige ni angoisse, sans pics altiers ni gouffres profonds. Une vie psalmodiée. C'est contre cette attitude que s'insurge le philosophe jovialiste André Moreau dans sa «morale de l'excès».

En présence de ceux que l'idée de juste milieu rend agressifs, il vaut mieux ne pas insister. D'ailleurs, non seulement ils peuvent quand même se former une notion exacte de la morale, mais ils ont la chance de s'en former une meilleure. En effet, définir la morale par le juste milieu, c'est comme définir le soleil par le bronzé de la peau ou la lumière par la photosynthèse. C'est définir par l'effet.

La morale fait éviter l'excès et le défaut, c'est-à-dire le trop et le trop peu, mais elle est essentiellement la science qui apprend aux humains à régler sur la raison leurs inclinations naturelles ou leurs besoins naturels. Il s'ensuit qu'elle leur fait éviter également le trop et le trop peu comme étant l'un et l'autre contraires au bon sens.

On a dit précédemment qu'un traité de morale pourrait s'écrire sans que le mot conscience ne soit employé; on peut dire maintenant qu'il n'y manquerait rien d'essentiel si l'on évitait l'expression juste milieu. Sa rencontre éventuelle ne doit cependant pas mettre les nerfs en boule. Dans chaque situation, il y a un trop et un trop peu. Le bon sens cherche entre ces deux extrêmes la mesure qui convient. Trop pour moi, ce peut être trop peu pour mon voisin, et vice versa. Bien plus, dans le cas d'une même personne, trop dans cette situation-ci, ce peut être trop peu dans cette situation-là.

Quand on devient médecin, normalement, c'est pour prévenir les maladies ou les soigner; quand on devient économiste, c'est pour apprendre aux gens à satisfaire le moins mal possible des besoins infinis avec des ressources limitées; quand on devient architecte, c'est pour faire des plans d'édifices. Eh bien, quand on acquiert des qualités morales, des capacités morales, en vue de quoi le fait-on? C'est ce que nous allons préciser en abordant le chapitre suivant consacré aux valeurs.

Chapitre 5

Les valeurs dans la formation morale

En mai 1978, André Naud et Lucien Morin déposaient le rapport d'une étude qui leur avait été confiée par le Conseil supérieur de l'éducation. Il s'agissait pour eux de situer les valeurs dans le projet scolaire. Le sous-titre de leur rapport: *L'école et les valeurs*, était précédé d'un titre étonnant: *L'esquive*.

Esquive, action d'esquiver. Le verbe est mieux connu. On esquive un coup, une difficulté, une visite importune, c'est-à-dire qu'on les évite adroitement. S'esquiver, c'est se dérober, s'enfuir pour ne pas être vu. Face aux valeurs, disent les auteurs du rapport, les éducateurs s'esquivent; ils n'osent pas en parler; ils ont peur de prendre position. Mais comme ils ne les esquivent pas toutes, il faut en parler, et c'est peut-être moins difficile qu'on pense si on se donne la peine de démêler l'écheveau que forment les multiples significations du mot valeur.

1. La notion vague de valeur

Valeur est un mot du langage quotidien. Le premier venu en a au moins une notion vague. Et si vous lui demandez, comme je l'ai fait à maintes reprises: «Qu'est-ce qu'une valeur?» il vous répondra: «Quelque chose d'important dans la vie.» C'est vague, mais c'est vrai. À peu près tout le monde, je pense, est d'accord avec cette réponse.

Mais «ce qui est important dans la vie» varie avec les circonstances: l'âge, le pays, l'état de santé, le métier, le sexe, le climat, etc. N'importe quoi ou n'importe qui peut, selon les circonstances, occuper le sommet de l'échelle des valeurs; l'occuper un instant du moins. Pour téléphoner, quelques pièces de monnaie valent plus qu'un chèque, quel qu'en soit le montant; perdu dans le désert, c'est de l'eau que voulait Antoine de Saint-Exupéry, pas du pétrole...

Ces choses, dont la valeur tient à une circonstance de la vie, c'est défendable de les étiqueter: valeurs circonstancielles. On est familier, depuis l'école primaire, avec les compléments circonstanciels. Le complément circonstanciel apporte une circonstance; la valeur circonstancielle tient à une circonstance. Les valeurs circonstancielles sont en nombre infini; elles varient non seulement d'un individu à un autre, mais d'un moment à un autre dans la vie d'un même individu.

La plupart de ceux qui parlent des valeurs ou qui écrivent sur les valeurs s'en tiennent à ce sens vague du mot valeur. Ils parlent de «ce qui est important dans la vie» sans préciser davantage. Quoi d'étonnant, alors, s'ils nous disent que les valeurs ont changé, qu'elles changent, voire qu'elles sont en crise; que les valeurs sont personnelles (chacun a ses valeurs); que les valeurs sont relatives (il n'y a pas de valeurs absolues)?

Au sens vague où ils entendent le mot valeur, tout cela est vrai. Et si l'on en reste à ce sens vague, les valeurs peuvent faire l'objet d'appels téléphoniques; elles peuvent alimenter en anecdotes; on peut se les raconter. Pas plus. Exemple, ce collégien d'il y a trente ans cherchant à s'évader du séminaire. Arrêté dans sa fuite par une porte barrée, il aurait donné tout son héritage pour un tournevis, raconte-t-il devenu romancier.

2. Les valeurs qualités

Mais je pense qu'on peut, à partir du sens vague du mot valeur comme de la pierre solide sur laquelle on pose d'abord un pied avant de pousser l'autre en avant, dégager un sens précis, et qui sera utile. Pour dégager ce sens précis, j'aurais pu continuer d'interroger les gens, mais j'ai choisi le raccourci des dictionnaires: les dictionnaires consignent les sens que les gens donnent aux mots. J'ai donc ouvert le *Dictionnaire de la langue française* de Paul Robert au mot valeur. Trois hautes colonnes; trente et un pouces de sens! Je me suis arrêté à les compter: six sens principaux, beaucoup de subdivisions. En tout, une bonne douzaine et demie de sens et de nuances.

Le mot valeur m'apparaissait, à l'évidence, comme l'un des plus gigantesques fourre-tout de la langue française. Je le voyais accolé à n'importe quoi: valeur d'un mot, valeur d'une note (en musique), valeur d'une couleur (en peinture), valeur d'une variable (en maths), valeur morale, valeur esthétique, valeur humaine, etc. Il est normal de vouloir mettre de l'ordre dans un tel fouillis. Selon les philosophes, le propre de la raison, c'est de chercher l'ordre quand il y en a, d'en mettre quand il n'y en a pas.

2.1 Les deux éléments de la notion d'ordre

Qui dit ordre dit d'abord pluralité. Pour mettre de l'ordre, il faut qu'il y ait plusieurs choses. On dit et on se fait dire: «Mets de l'ordre dans tes idées.» Tes idées et non ton idée: une idée fixe, c'est toujours en ordre... Eh bien, avec le mot valeur, nous l'avons notre pluralité.

Pour mettre de l'ordre, il faut, en second lieu, quelque chose de premier, à partir duquel les autres choses seront disposées. On place le téléviseur, par exemple, puis on dispose les fauteuils par rapport au téléviseur; on s'habille, puis on fixe des bijoux dans les endroits découverts; on choisit le couvre-lit, puis on procède à la rénovation de la chambre.

Ce quelque chose de premier, ce principe, à partir duquel on classifie des valeurs, varie d'un spécialiste à un autre. L'économiste ne classifie pas comme le théologien; le militaire ne classifie pas comme l'écologiste; le Premier ministre du Canada ne classifie pas comme celui du Québec; le Kremlin ne classifie pas comme la Maison-Blanche.

Pour les non-spécialistes ou pour les spécialistes ne parlant point en tant que spécialistes, le principe de classification des valeurs, c'est l'être humain à développer selon toutes ses dimensions. Dans l'introduction au programme de 1er cycle du secondaire, les auteurs font prendre conscience d'un impératif qui est au coeur de tout être humain: se réaliser. Ils venaient de noter ce qui devrait nous sembler une lapalissade: «Le programme recentre sur la personne la perspective éthique». Une éthique ou une morale qui ne serait pas focalisée sur la personne, serait-elle une morale? Une botanique centrée sur les animaux serait une zoologie.

Si donc on admet que tout, en ce bas monde, doit, en dernier ressort, tourner à l'avantage de l'être humain, cette classification en fonction ou mieux en faveur de l'être humain à développer, à construire ou à réaliser, devient LA classification des valeurs.

2.2 Les valeurs qualités

Du point de vue de l'être humain à développer selon toutes ses dimensions, du point de vue de l'être humain à «construire» (la métaphore est de Saint-Exupéry[1]), le mot valeur prend une signification précise. Ce n'est plus, vaguement, «ce qui est important dans la vie»; c'est une QUALITÉ (de corps, de coeur ou d'esprit) qui rend une personne digne d'estime. Une qualité? Je m'explique.

Quand les gens parlent d'une personne qu'ils apprécient beaucoup, d'une personne de grande valeur, demandez-leur de préciser leur pensée; demandez-leur pourquoi. Ils ne vous diront pas que cette personne-là est riche, qu'elle a du pouvoir, des amis influents. Un vaurien (vaut rien) peut avoir tout ça et même davantage. Ils vous indiqueront une qualité qu'elle possède. Ce peut être une qualité du corps. Ce qu'il y a de plus voyant dans un être humain, c'est quand même le corps. Dans le premier jugement que l'on porte sur une personne, c'est le corps qui est sujet.

Et la qualité qu'on est en mesure de déceler tout d'abord, c'est la beauté. Avant de savoir qu'une personne est franche, savante, généreuse, musicienne ou honnête, on voit qu'elle est plus ou moins belle. (Oscar Wilde dit qu'en un sens la beauté l'emporte sur le génie, n'ayant pas comme lui à se démontrer.) Selon Montaigne et bien d'autres, la beauté du corps a joué un rôle considérable dans l'histoire de l'humanité. Dans ses *Essais*, il écrit: «La première distinction qui ait été entre les hommes, et la pre-

---

1. Antoine de Saint-Exupéry, *Oeuvres*, Pléiade, *Citadelle*, XCIV, p. 719

mière considération, qui donna les prééminences aux uns sur les autres, il est vraisemblable que ce fut l'avantage de la beauté»[2]. (La lutte des classes, à l'origine, c'était la lutte entre les beaux et les pas beaux!)

On peut également apprécier une personne pour ses qualités dites morales: honnêteté, courage, douceur, générosité, franchise; ou pour ses qualités intellectuelles: n'importe quel art, n'importe quelle science; ou pour ses qualités religieuses, si l'on est pasteur d'âmes.

Je pense qu'on peut faire prendre conscience à n'importe qui du fait que, pour tout le monde, une personne de valeur, c'est une personne qui possède certaines *qualités*: qualités de corps, de coeur, d'esprit. (Nous reviendrons sur ces distinctions.) Pour tout le monde qui y réfléchit, se développer, se réaliser, se construire, cela consiste, je pense, à acquérir des qualités.

Et c'est ainsi que, parmi les valeurs humaines, j'obtiens une première catégorie: les valeurs qualités. L'acquisition de ces qualités permet à des êtres humains déjà constitués, c'est-à-dire dotés d'un corps avec tous ses organes; d'une sensibilité capable d'amour, de haine, de peur, d'audace, etc.; d'une intelligence et d'une volonté, de se réaliser pleinement, de se développer selon toutes leurs dimensions. C'est toujours «important dans la vie», comme le maintient la notion vague de valeur, mais c'est précis à satiété.

Chacune des parties de l'être humain pourrait être considérée comme une valeur et donner lieu à des réflexions passionnantes. Erasme a écrit un *Éloge de la folie*; Henri Laborit a écrit un *Éloge de la fuite*. On pourrait

2. Montaigne, *Les Essais*, tome II, Paris, Gallimard et Librairie Générale Française, coll. «Le livre de Poche» nos 1395-1396, 1965, L. II, ch. XVII, p. 300

écrire un éloge de la main, un éloge de la vue, un éloge de la peur, un éloge de la mémoire, un éloge de l'intestin, sans le modeste concours duquel le cerveau le plus génial s'intoxique. Mais ce n'est pas le point de vue que nous avons adopté: nous nous sommes placés en face de l'être humain constitué et qui entend se développer, se réaliser. Il y arrivera en acquérant des qualités. Bref, nous abandonnons à la nature le soin de préparer le pied; nous y ajouterons la danse.

2.3 La vie et la liberté comme valeurs

Personne ne dira qu'il apprécie quelqu'un parce que ce quelqu'un est vivant. Il y a beaucoup de vauriens bien vigoureux, bien fringants. Du point de vue où nous sommes présentement placés — l'être humain à réaliser, à développer, à construire — la vie est une condition *sine qua non*: pour épanouir du monde, il faut que ce monde-là soit vivant, bien vivant. La vie est un préalable à la poursuite des valeurs constitutives de l'être humain pleinement épanoui. Dans le cas des embaumeurs, c'est la mort qui est un préalable. À chacun ses petites fantaisies!

On peut faire une remarque semblable au sujet de la liberté. Ceux qui signifient leur estime d'une personne en disant: «Elle est libre», parlent d'une manière confuse; ils laissent dans le brouillard des choses qu'il est avantageux d'exposer au grand jour. Une personne libre n'est pas libre de façon abstraite; elle n'est pas libre tout court. Elle peut être libre face à la peur, par exemple; sa liberté s'appelle alors proprement du courage. Être libre face à la bouteille, c'est de la sobriété; être libre face au sexe, c'est de la chasteté; être libre face aux mouches, c'est de la patience.

L'épithète libre contient confusément toutes les qualités qui font l'être humain moralement développé. Autrement dit, le mot liberté n'évoque qu'une seule catégorie de valeurs, les valeurs morales. Se fixer comme but, en éducation, de former des êtres libres, c'est comme prendre la résolution de faire le bien et d'éviter le mal. C'est trop vague pour être efficace.

2.4 «Toutes les valeurs sont relatives»

Cette opinion, à savoir que «toutes les valeurs sont relatives», a été émise et soutenue par une sociologue, en réponse à *L'esquive*, dans la défunte revue *Éducation Québec*[3]. Une telle affirmation exhale un parfum de liberté qui plaît aux galériens que nous sommes tous un peu. Pour en faire le procès, voyons d'abord à quoi elle s'oppose. Affirmer que toutes les valeurs sont relatives, c'est refuser les valeurs absolues.

Un fauteuil roulant motorisé, c'est merveilleux pour un paraplégique. Mais personne ne souhaite utiliser un jour cet engin, qui n'a de valeur que si on est handicapé. Tout ce que l'on apprécie dans les situations que l'on fuit comme la peste est on ne peut plus propre à nous inculquer la notion de valeur relative: les lunettes, le bistouri, le davier, les béquilles, le stimulateur cardiaque, etc. La notion de valeur relative n'est quand même pas liée à celle de catastrophe. Être pianiste, ce n'est pas une maladie; qui l'est a besoin d'un piano.

S'il s'agit d'une chose importante pour tout être humain qui se développe normalement, je ne vois pas comment on pourrait lui refuser le qualificatif de valeur absolue. Par exemple, la dimension artistique devrait se rencontrer à quelque degré dans tout être humain normalement déve-

---

3. *Éducation Québec*, Publication du ministère de l'Éducation, vol. 11, no 6, avril 1981

loppé. La dimension artistique est donc une valeur absolue. Il en est ainsi de la dimension morale: tout être humain normalement développé doit posséder une dimension morale. Il en est ainsi de la dimension corporelle: un être humain normalement développé doit être en santé, vigoureux et beau, si possible. Un fauteuil roulant est une valeur «si» on est handicapé, mais la santé est une valeur non accompagnée de «si».

Que toutes les valeurs semblent relatives aux yeux du sociologue, cela tient à l'objet et à la méthode de la sociologie, qui fricote «la matérialité des rapports sociaux», comme il est dit dans l'article cité. Mais il faut résister à la tentation à laquelle succombent d'ordinaire les spécialistes: croire que leur méthode est la seule valable. Si leur méthode ne leur permet de saisir les choses que dans leur relativité, ils sont portés à conclure que tout est relatif. Les comparant à des pêcheurs, Eddington leur prête ce mot bizarre: «Ce que mon filet ne peut prendre n'est pas poisson.».

Pour apercevoir des valeurs absolues, point n'est besoin d'être idéaliste et moralisateur; il suffit de ne pas être une brute, au dire de Marx lui-même: «Ce qui distingue dès l'abord le plus mauvais architecte de l'abeille la plus experte, c'est qu'il a construit la cellule dans sa tête avant de la construire dans la ruche»[4]. L'être humain que je construis dans ma tête, je ne l'assois pas dans un fauteuil roulant. Mais je lui donne une dimension corporelle, une dimension artistique, une dimension morale, etc. Voilà les valeurs absolues sur le plan non point de la réalité sociologique mais de la philosophie, même marxiste.

Sur l'absolu de la dimension artistique se greffe le relatif des divers arts. Que ce soit un objectif de donner à tout

---

4. Karl Marx, *Le capital*, Paris, Garnier-Flammarion, no 213, 1969, p. 139

être humain une dimension artistique, il ne s'ensuit pas que tout le monde doive s'adonner à la musique et, qui plus est, jouer du violon. Tout ce que l'on considère comme absolu, c'est la dimension artistique. Et il en est ainsi des autres dimensions: l'absolu fraye avec le relatif. Mais il y a de l'absolu.

2.5 «Les valeurs sont personnelles»

Invité à parler de *L'échelle des valeurs humaines* à une émission de télévision, je fus contacté par une recherchiste qui ouvrit la conversation par cette réflexion toute spontanée: «Les valeurs, c'est personnel.» Comme la brosse à dents: chacun a la sienne. Chaque personne aurait-elle ses valeurs comme elle a sa brosse à dents, son expérience, ses souvenirs?

Le contraire de personnel, c'est commun. Il y a la voiture personnelle et la voiture de la communauté; il y a le puits commun et le puits personnel, etc. Dire que les valeurs sont personnelles, c'est dire que chacun a ses valeurs. En un sens, c'est vrai; en un sens, c'est faux. C'est ce qui complique le problème. Quand chaque membre de la famille a sa brosse à dents personnelle, il est quand même vrai de dire que les membres ont en commun d'avoir une brosse à dents.

Dans l'article d'*Éducation Québec*, cité en 2.4, l'auteure ne croit pas qu'il soit opportun de dégager un «consensus sur certaines valeurs à inculquer à l'école». Si le consensus devait porter sur telle qualité corporelle, sur telle qualité morale, sur telle science, sur tel art et sur telle religion, je serais d'accord avec elle. Mais le consensus peut porter sur autre chose, et il doit d'abord porter sur les *dimensions* de l'être humain et non sur une qualité particulière à telle ou telle dimension. Si l'on ne s'entend pas sur les dimensions de l'être humain à construire, comment peut-on mener à bien la construction?

3. Les valeurs instruments ou moyens

On peut former une deuxième catégorie de valeurs humaines, qui contiendrait tout ce qui sert à développer les valeurs qualités: argent, pouvoir, amis, démocratie, etc. En français, l'expression «servir à» définit l'instrument, l'outil, le moyen en vue de la fin. Au sens propre, un instrument est une chose dont on se sert pour arriver à ses fins (une échelle, un mensonge); au sens figuré, une personne constitue parfois le plus précieux instrument: on se sert de ses amis comme on se sert de ses mains.

Distinguer les valeurs qualités et les valeurs instruments, ce n'est pas couper un cheveu en deux; c'est poser un geste capital, car ce qui est vrai des valeurs qualités ne l'est pas nécessairement des valeurs instruments, outils ou moyens. Au niveau des valeurs instruments, on peut parler de crise, de bouleversement, d'ébullition, de révolution, etc. En effet, l'outillage humain a changé et change constamment: on est passé du chameau à la fusée; on va toujours plus vite et toujours plus loin, mais ne change pas notre hantise de l'ailleurs. Quand vous relirez ceux qui parlent des valeurs en crise, vous verrez, aux exemples apportés, qu'ils parlent des valeurs instruments; ils parlent des moyens et non des fins, et ils ont raison d'en dire ce qu'ils en disent.

Il est d'autant plus important de bien distinguer ces deux catégories de valeurs que c'est un lieu commun de dire que nous vivons dans un monde qui substitue les moyens aux fins: nous poursuivons des moyens (argent, pouvoir, etc.) au lieu de poursuivre des fins à l'aide des moyens. Dans ses *Réflexions sur les causes de la liberté et de l'oppression sociale*, Simone Weil dénonce cette «substitution des moyens aux fins» comme étant «le mal essentiel de l'humanité»[5]. Dans un article intitulé *Prévision économique et choix éthique*, Paul Ricoeur voit là la «source profonde de notre mécontentement». «Nous assistons à une sorte d'effacement, de dissolution des buts. L'absence croissante de buts dans une société qui augmente ses moyens est certainement la source profonde de notre mécontentement»[6]. Un dernier témoin à la barre: René Dubos. «Capitalistes ou communistes, nos sociétés prennent leurs décisions sur les moyens et non sur les fins; leur critère est la quantité de production et de consommation et non la qualité de la vie humaine»[7].

Sont-ce là des élucubrations de philosophes: Simone Weil, Paul Ricoeur, ou de scientifiques philosophant (René Dubos)? Non; il n'y a rien de moins philosophe, au sens péjoratif du terme, qu'un ministre. Or, dans une interview accordée à *Informeq*, le ministre de l'Éducation du Québec relayait Simone Weil et Paul Ricoeur. «L'objet de l'éducation n'a pas changé: c'est aider l'enfant à se développer, selon sa pente, d'une façon optimale afin d'atteindre sa pleine stature d'homme. Cela n'a pas changé, ça ne changera jamais.» Et il nous mettait en garde contre «le mal essentiel» de Simone Weil: «Il est sûr qu'au fur et à mesure que se multiplient les agents qui interviennent dans le processus éducatif, cette situation complique et obscurcit l'objet de la mission éducative. Ce qui nous oblige à retrouver constamment cet objet (ce but ou cette fin) à travers» l'abondance des moyens[8].

---

5. Simone Weil, ouvrage cité, Paris, Gallimard, coll. «Idées» no 422, 1955, p. 60
6. Paul Ricoeur, article cité, *Esprit*, 34, 1966, janv.-juin, nos 345-350, pp. 188-189
7. René Dubos, *Choisir d'être humain*, Paris, Denoël/Gonthier, coll. «Médiations» no 147, 1974, p. 167
8. *Informeq*, Publication du ministère de l'Éducation, janvier 1981, no 53

4. Hiérarchie des valeurs

Hiérarchiser les valeurs, que voilà bien une expression insupportable pour les tenants du relativisme absolu en ce domaine. Pourtant, s'ils veulent bien sortir leur tête du sable, ils verront que la vie nous oblige chaque jour à hiérarchiser nos valeurs. Accorder une part plus importante du budget à la santé qu'aux arts, c'est hiérarchiser; accorder plus d'importance à l'éducation qu'aux loisirs, c'est hiérarchiser; tolérer moins longtemps une grève dans les hôpitaux que dans les écoles, c'est hiérarchiser.

Les faits «qui distinguent le plus profondément une époque et qui l'opposent le plus nettement aux époques qui la précèdent et qui la suivent», écrit Paul Valéry, ce sont précisément les valeurs qu'elle se fixe dans l'ordre des idéals; «de la *hiérarchie* de ces valeurs dans l'opinion; de leur pouvoir sur les moeurs et sur les apparences sociales, sur les lois, sur la politique ou sur les arts»[9].

En nous invitant à préciser le type humain que nous voulons prendre comme modèle, Gaston Berger nous prévient: «Définir c'est ici décider, choisir, et par conséquent exclure, ou tout au moins *subordonner*»[10]. Subordonner, c'est une opération qui consiste à placer une valeur au-dessous d'une autre; hiérarchiser, c'est une opération qui consiste à placer une valeur au-dessus d'une autre! On va de la plus basse à la plus haute dans ce deuxième cas; de la plus haute à la plus basse dans le premier. L'opération terminée, on ne peut pas dire si les valeurs ont été subordonnées ou hiérarchisées...

---

9. Paul Valéry, *Oeuvres*, tome I, Paris, Gallimard, coll. «Bibliothèque de la Pléiade» no 127, 1957, p. 945

10. *Étapes de la prospective*, Paris, P.U.F., 1967, p. 13

La première grande distinction à introduire dans les valeurs humaines, avons-nous vu, c'est la distinction entre les valeurs à poursuivre comme des fins et les valeurs à utiliser comme des moyens, de simples moyens. Les valeurs fins, nous les avons identifiées comme étant les qualités constitutives de l'être humain à développer selon toutes ses dimensions. Tout ce qui sert à faire acquérir les qualités en question joue le rôle de moyen: la famille, un système économique, l'argent, des services médicaux, un système d'éducation, etc.

Le premier effort de hiérarchisation doit porter sur ces deux catégories de valeurs. Laquelle doit passer en premier, laquelle doit venir en second? Si vous me dites que c'est facile, que ça va même de soi, je me permettrai de vous rappeler quelques noms: Simone Weil, Paul Ricoeur, René Dubos. C'est peut-être facile quand on nous pose une question toute théorique, mais, quand c'est la vie qui pose la question, la réponse n'est pas nécessairement la même: nous poursuivons des moyens au lieu de poursuivre des fins à l'aide des moyens, disent ces éminentes personnes parmi bien d'autres.

4.1 Subordination des moyens aux fins

Les moyens ne devraient nous intéresser que dans la mesure où ils servent à la construction qui nous préoccupe, à savoir celle de l'être humain. Pourtant, si l'on descend en soi-même ou si l'on observe les gens, on constate un plus grand souci d'amasser des outils que de construire. On n'est pas gêné de n'être rien quand on a beaucoup. On n'a rien à dire, mais on a des choses à montrer.

Cette tendance à amasser, gardons-nous de penser naïvement qu'elle est fille de la société de consommation. Maïmonide, philosophe, médecin et théologien juif, nous apprend que les gens du XIIe siècle mettaient tous leurs soins à augmenter leurs possessions. C'est un témoignage entre mille qu'on pourrait apporter.

Mais alors, sommes-nous complètement déboussolés? Ce que tout le monde, ou presque, fait ne doit pas être totalement stupide. Il ne l'est pas. Les choses du domaine de l'avoir satisfont des besoins fondamentaux, des besoins qui ne peuvent pas attendre bien longtemps: manger, boire, dormir, se vêtir, s'abriter, se chauffer, etc. Je commencerai mes leçons de piano dans un mois, mais je dois manger aujourd'hui autant que possible.

Les exemples de ceux qui manquent de ces choses abondent: un milliard, environ, d'êtres humains souffrent de malnutrition. À les voir, on dirait qu'il est plus grave de manquer de nourriture que de manquer de patience ou de chasteté... La crainte de manquer un jour de biens matériels nous incite à en amasser plus que moins. Cette crainte fait de nous des fourmis comme celle de La Fontaine: des fourmis qui entassent et qui ne sont pas partageuses.

La vie pose à chacun de nous, plus d'une fois par jour, le problème de la subordination des moyens aux fins. Ce n'est pas un problème de philosophe. Allons-y de quelques exemples; libre à chacun d'en ajouter. La sécurité d'emploi, par exemple, est un moyen d'améliorer le rendement, en dissipant l'angoisse du congédiement. Dans bien des cas, c'est le contraire qui se produit. «Maintenant, j'ai la sécurité d'emploi», cela veut dire: «Je n'ai plus besoin de me forcer».

La science et la technique devraient être des moyens au service de l'être humain à développer au mieux selon toutes ses dimensions. On a raison de douter qu'il en soit toujours ainsi. «En 1975, lors d'une conférence tenue à New York sur la génétique et la morale, un biologiste de Harvard a estimé à seulement un sur cent le nombre de ses collègues concernés par les implications sociales et morales de l'activité scientifique»[11]. En termes crus: que la science progresse; au diable les humains!

La technique n'y regarde pas de plus près. Quand elle calcule le Concorde, elle en arrive à éliminer à peu près tous les risques pour le Concorde; mais elle ne se préoccupe pas de savoir si le Concorde ne serait pas lui-même un risque pour l'humain. On l'a fabriqué non pas pour améliorer la qualité de la vie humaine; on l'a fabriqué parce qu'on était capable de le faire voler.

C'est là, d'ailleurs, un principe quasi inviolé dans le domaine de la technique, à savoir qu'«une chose doit être faite quand il est techniquement possible de la faire»[12]. Le progrès technique devient alors le fondement d'une nouvelle morale. L'ancienne voulait qu'on fasse les choses, qu'on pose les gestes qui entraînent un progrès de l'humain; la nouvelle pose les gestes qui font progresser la technique.

Enfin, le progrès économique, comme tous les autres progrès, devrait être au service du progrès humain, dans la modeste condition de moyen. Tout le monde sait, cependant, combien, dans certains cas, le progrès économique compromet la santé des travailleurs. La société étant l'instrument de l'épanouissement total des citoyens, aucune des dimensions de l'être humain ne doit être sacrifiée à quelque objectif que ce soit: scientifique, technique, économique, etc.

On peut sacrifier sa santé, voire sa vie, pour une cause, mais ce doit être à la suite d'une décision personnelle et non d'une décision du gouvernement ou du propriétaire de la mine ou de l'usine. Mais, m'objectera-t-on, les sociétés où

---

11. Vance Packard, *L'homme remodelé*, Paris, Calmann-Lévy, 1978, p. 308

12. Erich Fromm, *Espoir et révolution*, Paris, Stock, 1970, p. 49

l'on fait fi de la santé (fi, de *fimus*, fumier) prendront sur nous une avance ineffaçable? À court terme, peut-être, mais pas à long terme. La productivité n'est pas la caractéristique des chantiers où rôde le cancer.

4.2 Hiérarchie des valeurs fins

Après avoir situé les valeurs fins par rapport aux valeurs moyens, en mettant ces dernières au service des premières, nous pouvons procéder à une identification systématique et à une hiérarchisation des valeurs fins elles-mêmes. Il s'agit là d'une entreprise capitale, car c'est pour permettre à des êtres humains de se développer selon toutes leurs dimensions qu'on a inventé la société civile. Selon la conception qui règne de l'être humain, une société déterminée s'organise de telle ou telle manière. Eh bien, quand on commence à fabriquer un être humain, on moule d'abord le corps. Ce qu'il y a de plus incontestable dans l'être humain, c'est le corps. Mais, dès qu'on a un corps, il faut de toute nécessité développer les qualités requises — ce sont des qualités morales — pour le conserver sain et vigoureux et pour en faire bon usage: qualités qui règlent le boire, le manger, le travail, le repos, le sommeil, l'amour. Un être humain peut ne pas être musicien, ou poète, ou mathématicien, mais il ne peut pas ne pas avoir un corps et certaines qualités morales. Sans qualités morales, il est un animal; sans corps, il est un esprit. Sur la nécessité de certaines qualités morales pour le salut du corps, Voltaire nous rejoint. La tempérance, écrit-il, c'est un précepte que tu observes; tu t'en porteras mieux[13].

Les valeurs morales l'emportent sur les valeurs corporelles. Placé dans une conjoncture où il est obligé de choisir,

13. Voltaire, *Dictionnaire philosophique*, Paris, Garnier-Flammarion, coll. «Texte intégral GF» no 28, 1964, p. 373

un être humain digne de sa condition va risquer sa santé, voire sa vie, pour exercer une qualité morale comme le courage ou la justice. L'histoire abonde d'exemples de gens qui ont donné leur santé ou leur vie pour la justice ou pour quelque autre vertu morale.

Les valeurs corporelles et les valeurs morales nous donnent une bonne ébauche de l'être humain. En général, on peut dire que les autres sont satisfaits de nous si nous possédons ces deux sortes de qualités: si nous sommes en santé, travailleurs, honnêtes, fiables, constants. Pour servir, ces qualités-là suffisent habituellement. Et l'on en demande rarement davantage des autres.

Mais ces qualités corporelles et morales ne suffisent pas à celui qui les possède. L'être humain est plus difficile; il veut vivre une certaine vie intellectuelle. On accepte facilement que les autres soient plus courageux, plus chastes, plus beaux, plus vigoureux; qu'ils l'emportent par l'intelligence, on ne l'accepte pas. L'animal humain ne laisse passer aucune occasion de montrer qu'il est intelligent. Et l'on estime l'intelligence même quand elle se révèle dans le crime. Le piqueur stupide est ridiculisé, mais on oublie le côté criminel d'un acte où transpire le génie.

Mener une vie intellectuelle, c'est, avant tout, cultiver les sciences et les arts. Je sais qu'il n'y a pas de vertus morales sans la prudence, qui est une vertu intellectuelle, mais, dans le mélange d'intelligence et de volonté ou de sensibilité, que constitue une vertu morale, la présence de l'intelligence est trop discrète. Tout le monde dit de quelqu'un qui est sobre qu'il a de la volonté et non pas qu'il est intelligent. Si l'on veut montrer qu'on est intelligent, c'est dans les sciences et dans les arts qu'il faut se lancer. Même dans l'art culinaire.

Quand on place les valeurs intellectuelles au-dessus des valeurs morales, on s'attire des objections. Quelqu'un m'a demandé, un jour, si Teresa de Calcutta ne valait pas un professeur d'université... Un autre m'a cité Karol Wojtyla, le futur Jean-Paul II: «Ce qui, pour la personne, est le plus caractéristique, ce en quoi (ne prenant en compte que l'ordre naturel) elle se réalise de la manière la plus plénière et la plus propre, c'est la morale»[14]. Au XIIe siècle, Abélard parlait comme notre Pape: «J'en vins enfin à la philosophie morale, couronnement final de toute science et que je jugeais préférable à quelque discipline que ce fût»[15].

Leurs positions et la mienne ne peuvent assurément pas être vraies en même temps et du même point de vue. Mais en se plaçant tantôt du point de vue de l'urgent, tantôt du point de vue de l'important, on pourrait probablement les concilier. Une grève d'éboueurs affecte plus la population qu'une grève de professeurs. Les éboueurs travaillent dans l'urgent. Les besoins fondamentaux comme le boire, le manger, le sommeil sont impérieux: tout plie devant eux. Ce ne sont pourtant pas nos plus nobles besoins, ceux dont la satisfaction nous rend le plus fiers.

De même qu'on interrompt une activité intellectuelle (étude d'une science, pratique d'un art) pour aller satisfaire des besoins corporels très humbles, de même on doit l'interrompre pour secourir quelqu'un (activité morale). D'un côté comme de l'autre, il y a de l'urgence. L'homme est plus conjugal que social, disaient les Anciens. J'ajoute: il est plus moral qu'intellectuel. C'est plus fondamental, plus contraignant; pas plus noble en soi.

---

14. Karol Wojtyla (Jean-Paul II), *En esprit et en vérité*, Paris, Le Centurion, 1980, p. 96

15. Abélard, *Dialogue entre un philosophe, un juif et un chrétien*, dans *Oeuvres choisies*, Paris, Aubier, 1945, p. 213

5. Les valeurs affectives

Ceux qui connaissent *L'école québécoise, énoncé de politique et plan d'action*, se demandent sans doute où j'ai fourré les «valeurs affectives»[16]. Les voici avec le problème assez subtil qu'elles soulèvent. Subtil, en effet, car, en un sens, les valeurs affectives s'identifient aux valeurs morales; en un autre sens, elles sont assimilables à la main et à la peur, dont nous avons dit qu'elles méritaient des éloges. Clarifions ces deux points de vue.

Sous la rubrique «valeurs affectives», l'ouvrage cité parle de l'amour, des émotions et des sentiments. L'amour est bien connu; les émotions le sont moins. On les définit comme des états affectifs intenses. Un amour qu'on ne peut dissimuler, parce qu'il fait rougir et trembler, mérite le nom d'émotion. Une peur qui paralyse est une émotion. Quant aux sentiments, on les définit également comme des états affectifs, mais de moindre intensité: un amour que personne n'a remarqué est un sentiment.

Les états affectifs découlent de la connaissance intellectuelle ou de la connaissance sensible. Je peux aimer la musique parce que j'en ai souvent écouté qui plaisait à mon oreille. Connaissance sensible. Je peux l'aimer, en plus, parce que j'ai de la musique une connaissance intellectuelle: je sais comment les sons ont été combinés pour donner un résultat agréable, et je puis en composer. À ce niveau, je perds le chien, qui frétillait de la queue en écoutant du Bach ou du Mozart avec moi tantôt.

Contrôler ces états affectifs — amour, haine, peur, espoir, audace, tristesse, etc., résultant d'une connaissance intellectuelle ou d'une connaissance sensible — c'est précisément le rôle des qualités morales. De ce point de vue-là, les qualités morales sont des qualités de l'affecti-

---

16. Ouvrage cité, Ministère de l'Éducation, (G. du Q.), 1979, p. 27

vité, et il n'y a pas lieu de distinguer des valeurs affectives et des valeurs morales.

D'un autre point de vue, on peut distinguer les valeurs affectives d'avec les valeurs morales. Ces deux points de vue ont été identifiés plus haut: point de vue de l'être humain à la ligne de départ, si je puis dire, et point de vue de l'être humain en voie de se réaliser. En d'autres termes: point de vue statique et point de vue dynamique. À la ligne de départ, l'être humain a des mains, qui pourront devenir des mains de jongleur ou de pianiste; il a une sensibilité, qui pourra devenir courageuse ou tempérante; une volonté, qui pourra devenir bienveillante.

Parler des valeurs affectives sans les identifier aux valeurs morales, c'est maintenant possible. À la ligne de départ, la peur est une valeur affective. On peut en faire l'éloge, comme il a été dit plus haut dans ce même chapitre. De ce même point de vue statique, il faudrait faire aussi l'éloge de la volonté, de la mémoire, de l'oreille, du pied, de l'oeil, etc. On s'ingénierait à montrer combien chacune de ces parties de l'être humain est précieuse dans la vie.

Mais quand on se place du point de vue du développement des potentialités de l'être humain en devenir, les valeurs sont des qualités qu'on lui fait acquérir: qualités corporelles, qualités morales, qualités intellectuelles, qualités spirituelles. Les pieds sont là, on y met la danse; la peur est là, on y inscrit le courage; la volonté est là, on y développe la justice. De ce point de vue-là, les valeurs affectives ne sont pas des émotions ni des sentiments: elles sont des qualités morales. Pour ne pas dérouter son lecteur, il est important de l'avertir quand on passe d'un point de vue à l'autre.

6. Les conflits de valeurs

Les valeurs sont en collision constante, comme les atomes d'un gaz enfermé dans un bocal ou comme les autos tamponneuses des parcs d'amusement. Ces collisions se produisent dans nos rapports avec les autres au sein de la famille, de la profession, du groupe ou de la société. Les exemples fourmillent.

Assis au restaurant, je consulte le menu. Le mets qui fait venir l'eau à la bouche ne convient pas à ma ligne. J'ai un travail passionnant sur le métier; la santé demande que j'interrompe le va-et-vient de la navette. Plongé dans une lecture captivante, j'entends le voisin qui appelle au secours. Collisions de valeurs parce que deux choses incompatibles ont en même temps du prix à mes yeux.

Ces conflits internes ne se terminent pas tous chez le psychiatre. Dans la plupart des cas, la force des choses tranche sans laisser de séquelles: des deux choses qui ont du prix à mes yeux, celle qui en a le plus écarte l'autre. Mais le conflit est d'une autre gravité quand il éclate entre personnes. Il peut alors dégénérer en conflit au sens fort du terme, c'est-à-dire en épreuve de force, avec prise de bec ou de cheveux.

Quand je suis tiraillé entre deux programmes de télévision placés à la même heure de l'horaire, je puis pester contre les responsables, mais c'est sans conséquence. Par contre, si c'est le conjoint qui revendique son droit à son programme, la situation peut facilement tourner au vinaigre. L'exemple est banal, mais il y en a d'autres qui ne le sont pas et qui ont entraîné la rupture de bien des couples et de bien des amitiés. Sans un pacte de non-agression verbale, une amitié ne surmonte pas facilement les options politiques.

Chacun de nous vit quotidiennement des petits conflits de valeurs au travail, à la maison, avec les amis, et est à même d'en mesurer les dangers; chacun de nous est chaque jour témoin de quelque conflit aux mêmes endroits.

L'espoir de les éliminer relève de l'utopie. Il suppose une uniformité qu'on ne trouve que dans la géométrie. Et encore: il faudrait non seulement que nous soyons tous des triangles, mais des triangles de même espèce (tous scalènes, par exemple) et de mêmes dimensions.

La société québécoise, comme toutes les sociétés d'êtres humains, est secouée par un certain nombre de conflits de valeurs bien identifiés: sur le plan politique, le fédéralisme s'oppose à la souveraineté; sur le plan scolaire, entre autres conflits, on a celui de la confessionnalité et de la non-confessionnalité; sur le plan démographique, la dénatalité menace la survie du peuple québécois, etc.

7. Les valeurs dans la formation morale

La formation scientifique consiste dans l'initiation aux différentes sciences — histoire, littérature, mathématiques, physique, chimie, etc. — dont l'une pourra un jour faire l'objet d'une spécialisation et donner un sens à une vie; la formation artistique s'acquiert de la même manière: initiation aux arts, pratique de quelques-uns, puis choix de celui qui occupera le reste de la vie. Quant à la formation morale, elle va consister dans l'acquisition des qualités morales qui assurent la bonne conduite de la vie. Mais personne n'en choisit une qui va donner un sens à sa vie: on ne consacre pas sa vie au courage comme on la consacre à la musique ou à la science. À la question: «Qu'est-ce que tu fais dans la vie?», on peut répondre: «Je suis psychologue», mais non: «Je suis courageux».

Contrairement à ce que certains pensaient, il n'y a pas que des valeurs morales. Les autres valeurs — valeurs corporelles, valeurs intellectuelles, valeurs instruments — ont-elles quelque rapport avec la formation morale? Eh bien oui; elles éclairent le choix des valeurs morales à développer.

Pour conserver sa santé ou la recouvrer, certaines qualités morales sont nécessaires; certaines qualités morales sont nécessaires également pour acquérir une science ou un art, et pour en faire bon usage. On peut donc dire que les valeurs morales, constitutives de la dimension morale de l'être humain, sont exigées par le développement des autres dimensions que nous avons reconnues à l'être humain, et elles sont nécessaires également pour l'acquisition, la conservation et l'usage des moyens à utiliser pour se donner ces dimensions-là.

Dans le chapitre suivant, consacré à la dimension corporelle, nous verrons quelles sont les principales qualités morales requises pour le développement de la dimension corporelle. En gros, ce sera la tempérance ou modération sous toutes ses formes: modération dans le boire, dans le manger, etc. Dans certains cas, on encouragera l'abstinence totale: tabac, drogue, par exemple. Le rôle des valeurs corporelles dans la formation morale apparaît ainsi à l'évidence: elles éclairent vraiment le choix de valeurs morales à développer.

Il n'y aura pas de chapitre consacré à la dimension intellectuelle, mais on peut prendre rapidement conscience du rôle que les qualités morales jouent dans le développement de cette dimension. Chaque fois que vous demandez son secret à une personne qui a percé dans le domaine des sciences ou des arts, elle vous répond: «Le travail.» Ne dit-on pas que le génie est une longue patience? Donc, persévérance, ténacité, constance. On comprend bien qu'Einstein n'était pas un minus têtu, mais, par contre, s'il avait papillonné, on ne parlerait plus de lui.

Mais il y a plus: des obstacles à écarter. La vie intellectuelle se développe à la faveur d'une double paix: paix intérieure, paix extérieure. Abélard nous apprend que, devenu follement amoureux, il composait des chansons en l'honneur d'Héloïse, au lieu de préparer ses cours comme un professeur consciencieux. Tout le monde sait par expérience combien les émotions, petites ou grandes, perturbent la vie intellectuelle. Allez donc vous concentrer sur un problème quand vous venez de gagner le gros lot à la loterie du gouvernement ou de l'amour. Les qualités morales qui assurent le contrôle des passions, des émotions et des sentiments écartent donc des obstacles à la vie intellectuelle. Elles instaurent la paix intérieure.

La vie intellectuelle peut enfin être perturbée de l'extérieur. Des bruits de la guerre jusqu'à l'éternuement du voisin s'allonge une série quasi infinie de perturbations susceptibles de troubler la paix extérieure, autre exigence de la vie intellectuelle. Comment résister au plaisir de citer sur ce point l'ineffable Pascal: «L'esprit de ce souverain juge du monde (l'homme) n'est pas si indépendant qu'il ne soit sujet à être troublé par le premier tintamarre qui se fait autour de lui. Il ne faut pas le bruit d'un canon pour empêcher ses pensées: il ne faut que le bruit d'une girouette ou d'une poulie. Ne vous étonnez pas s'il ne raisonne pas bien à présent; une mouche bourdonne à ses oreilles»[17].

Vous m'objecterez avec raison que la morale n'empêche pas les mouches de bourdonner. Je n'avais pas l'intention de soutenir le contraire. Tout au plus, pourrais-je dire, est-elle en mesure d'en limiter les effets: les mouches dérangent moins les gens patients. Mais je pensais au bourdonnement des gens envers qui on aurait commis des injustices. Et c'est ainsi que, par le truchement de la justice, la morale collabore à la vie intellectuelle.

Quant aux valeurs que nous avons étiquetées moyens ou instruments pour l'acquisition des qualités qui assurent

---

17. Pascal, *Pensées*, no 366

le développement de la personne humaine, elles éclairent, elles aussi, le choix de certaines qualités morales à cultiver. Le bon usage du premier de ces moyens — la société elle-même — est impossible sans certaines qualités morales qui permettent la collaboration avec les concitoyens: justice, franchise, générosité, etc. Il en sera question dans le chapitre consacré à la dimension sociale.

La plupart des citoyens font partie de la société civile par le truchement d'une famille. Le succès d'une vie familiale dépend d'autres qualités que le succès d'une activité syndicale ou professionnelle. La formation morale doit donc s'intéresser aux qualités morales nécessaires à la réussite d'une vie familiale et au succès d'une activité professionnelle.

Quand on pense à tous les moyens que les sociétés mettent à notre disposition pour assurer notre développement, on voit l'horizon de la formation morale s'étendre à l'infini. Une grappe de qualités morales se forme autour de l'argent, par exemple, pour présider à son acquisition, à sa conservation et à son bon usage. Pour s'asseoir au volant d'une voiture, pour enfourcher une moto ou une bécane, il en faut une couple.

Ainsi donc, quand on parle des valeurs dans la formation morale, les valeurs morales elles-mêmes viennent tout d'abord à l'esprit. La formation morale a pour but de développer les qualités morales comme la formation artistique a pour mission de cultiver les arts. Mais comme les valeurs ne sont pas toutes morales, on doit se demander si les autres valeurs — valeurs corporelles, valeurs intellectuelles, etc. — ont quelque chose à voir avec la formation morale. Nous avons vu qu'elles éclairaient le choix des qualités morales à développer.

Chapitre 6

La dimension corporelle

Pour traiter son corps comme il convient, il est nécessaire de s'en faire une juste idée, ce qui n'est pas facile. Comment, en effet, démêler le vrai du faux parmi les opinions les plus bizarres qui ont été formulées à son sujet au fil de l'histoire? À une extrémité, saint François d'Assise nous parle de son frère le corps; à l'autre extrémité, les stoïciens se pincent le nez devant ce cadavre. Comme il arrive souvent, la vérité a des chances de se tenir quelque part au milieu. Essayons de l'y découvrir.

1. La juste notion du corps humain

1.1 Un bouc à chasser

Nous commencerons par immoler le bouc émissaire qui veut que le christianisme ait joué les trouble-fête en ce domaine. Selon certains, on s'amusait ferme avant son entrée dans l'Histoire: le corps était beau à voir, le sexe porté en procession, le plaisir sagesse. Mais le puritanisme chrétien fit son entrée, paraît-il, et partit aussitôt en guerre contre l'érotisme. On ne verrait rien de pareil dans les cultures que le christianisme n'a que peu ou nullement touchées, prétend Denis de Rougemont[1].

Mais est-il tellement sûr qu'on suive le christianisme à la trace de mépris du corps et du sexe qu'il laisse? Les choses sont rarement aussi simples, pour ne pas dire simplistes. C'est ce que nous serons à même de constater en remontant jusqu'à la source grecque de la pensée occidentale.

1.2 Deux courants de pensée

Ces deux courants de pensée, qui ont arrosé notre cerveau occidental, sont issus l'un de Platon, philosophe grec, mort en 348 avant J.-C., et l'autre d'Aristote, également philosophe grec, mort en 322 avant J.-C., et disciple du premier.

1.2.1 Le courant issu de Platon

Selon Platon, les âmes vivaient heureuses dans un au-delà mystérieux quand elles ont été jetées dans des corps, comme dans des prisons, pour y purger la peine d'une faute commise on ne sait où ni quand. Comme, en grec, corps se dit *sôma* et sépulcre *sèma*, la prison de l'âme est devenue son sépulcre: les deux mots sont si près l'un de l'autre.

Si l'âme est dans le corps comme dans un sépulcre, pourquoi ne pas soutenir, comme l'a fait un hurluberlu du temps, que c'est quand nous sommes vivants que nous

---

1. Denis de Rougemont, *Les mythes de l'amour*, Paris, Gallimard, coll. «Idées» no 144, 1967, pp. 11-12

sommes morts, tandis que nous sommes vivants quand on dit que nous sommes morts.

Si tel est le cas, le sage doit s'efforcer, tout au long de sa vie, de séparer lentement son âme de son corps en se préoccupant de moins en moins du corps et de ses plaisirs: manger, boire, amour. L'âme cherche à se recroqueviller dans le sépulcre de son corps en attendant la libération qu'apportera la mort. Car l'homme, c'est l'âme; Platon le dira en toutes lettres, le corps n'étant qu'un instrument[2].

Ces idées lugubres — est-il besoin de souligner qu'elles ne sont pas chrétiennes? — n'ont pas manqué de trouver des oreilles sympathiques. En voici quelques-unes. D'abord, celle de Cicéron, mort en 43 avant J.-C.

Dans son traité *De la république*, parlant de deux morts illustres, dont le sort inquiète, la réponse vient, toute platonicienne: «Ils se sont échappés des liens du corps comme d'une prison, et c'est ce que vous appelez la vie qui est la mort»[3]. Renchérissant sur Platon, Cicéron fera du plaisir notre pire ennemi[4].

Les stoïciens Sénèque (mort en 65), Épictète (mort entre 125 et 130) et Marc-Aurèle (mort en 180) vont se laisser emporter par ce courant. Pour Sénèque, le corps n'est pas un domicile, mais un hôtel, et encore un hôtel de passage. Il trouve que notre corps ne nous fait pas (comme un complet ou une robe ne font pas quand ça tire de partout):

---

2. Platon, *Cratyle*, 400 b, c; *Gorgias*, 492 e, 493 a; *Phédon*, 64, 65; *Alcibiade*, 129, 130, 131

3. Cicéron, *De la république*, coll. Garnier-Flammarion, no 38, 1965, L. VI, XIV, p. 109

4. Cicéron, *De la vieillesse*, coll. Garnier-Flammarion, no 156, 1967, XII, p. 33

ne voyons-nous pas combien notre corps est mal ajusté à notre âme? se demande-t-il[5].

Saint Augustin (mort en 430) ruminera avec satisfaction les pensées déprimantes de Platon. Un être humain, c'est, pour lui, une âme raisonnable qui a un corps ou qui se sert d'un corps. Et l'on est justifié de penser au cavalier: une personne à cheval. L'être humain deviendrait alors une âme à corps... Le corps, comme le cheval, prend le chemin de l'écurie.

On pourrait descendre jusqu'au Québec d'il y a trente ans le puissant courant issu de Platon, et alimenté par de nombreux affluents au cours des siècles. Le corps était dénoncé comme l'ennemi de l'âme. L'unique nécessaire: sauver son âme. Et l'on chantait à pleins poumons: «Je n'ai qu'une âme, qu'il faut sauver; de l'éternelle flamme, je veux la préserver.» Les quinquagénaires se souviennent. Une paroisse comptait X âmes. Derrière le Sauveur des hommes, on avait des pasteurs d'âmes.

Tout le monde n'adhérait cependant pas à ce grand parti philosophique. Il en existait un autre, moins angélique, qui comptait sûrement autant de membres en règle, et qui, de plus, avait obtenu l'approbation officielle de la hiérarchie catholique. C'était le parti fondé par Aristote.

1.2.2 Le courant issu d'Aristote

Vingt ans à l'école de Platon n'ont pas suffi pour enfoncer dans le cerveau d'Aristote toutes les opinions de son maître. Parmi celles qu'il a rejetées figure la conception de l'être humain. Pour Platon, nous l'avons vu, je suis mon âme, mon corps n'étant qu'un instrument dont mon âme se sert, comme le menuisier se sert de la scie et du marteau.

5. Sénèque, *Lettres à Lucilius*, Paris, Garnier, 1954, tome III, lettre 120, p. 293

Aristote est mal à l'aise. Il se sent plus près de son corps que le menuisier de son marteau. Et il va soutenir, en faisant appel à l'expérience intime de chacun, que l'être humain est composé d'un corps et d'une âme substantiellement unis. Unis non point comme la chaleur l'est à l'eau, mais comme le sont l'hydrogène et l'oxygène pour donner de l'eau.

Les conséquences de cette position philosophique seront considérables. Quand le corps est un instrument, comme la scie du menuisier ou le cheval du cavalier, on ne peut plus parler de la même manière. Si son cheval pue, le cavalier ne dira pas: «Je pue.» Il n'est pas son cheval; son cheval n'est que son outil de cavalier. Si la scie rouille, le menuisier ne dira pas: «Je rouille.»

Mais quand on se définit comme étant un corps et une âme substantiellement unis, ce qui se passe dans le corps se passe chez soi et non à l'étranger. Les plaisirs corporels ne sont pas des plaisirs animaux, mais des plaisirs humains. Quand on habille son corps, ce n'est pas un âne qu'on attelle.

Le courant aristotélicien va rouler de grands noms: les musulmans Alfarabi, Avicenne, Averroès; le juif Maïmonide; les catholiques Albert le Grand, Thomas d'Aquin et bien d'autres par la suite. La position aristotélicienne va devenir la position officielle de l'Église catholique. Ce qui n'a pas empêché des écrivains catholiques de parler comme des platoniciens et des stoïciens: n'y a-t-il pas, de nos jours, des marxistes que Marx vilipenderait?

Dans la *Somme théologique*, Thomas d'Aquin met en question la conclusion à laquelle est arrivé Platon dans son *Alcibiade*: L'homme, est-ce l'âme? Non, répondra-t-il: il y a le corps aussi. Comment défendra-t-il sa position? en faisant appel à l'expérience de chacun de ses auditeurs. Quatre siècles plus tard, Descartes dira: «Je suis une chose qui pense»[6]. Plus humble, Thomas d'Aquin complétait: je suis une chose qui pense, qui mange, qui boit, qui pisse. Certaines de mes opérations exigeant le concours du corps, je ne suis donc pas mon âme seulement, mais mon corps et mon âme[7]. J'ai un corps, j'ai une âme, mais je suis corps et âme, et davantage mon corps, dont l'âme est une partie.

Quand, dans le courant issu de Platon, on soutient que le corps est une entrave pour l'âme, un poids qui l'accable, Thomas d'Aquin va soutenir la thèse contraire: le corps contribue au mieux-être de l'âme[8]. Peu importe le succès qu'il obtient, mais il cherche à prouver contre les contempteurs du corps que ce dernier ne tient pas l'âme enchaînée. Bien au contraire: il la libère.

Enfin, quand Sénèque gémit sur notre corps, si mal ajusté à notre âme, Thomas d'Aquin va s'ingénier à montrer que notre corps est un chef-d'oeuvre[9]. Encore une fois, ses efforts sont on ne peut plus louables. S'il avait su tout ce que nous savons maintenant sur le corps humain, sa tâche en eût été de beaucoup facilitée. Il va s'émerveiller devant cet extraordinaire instrument qu'est la main humaine; d'innombrables auteurs s'essaieront sur ce thème par la suite. Il va énumérer quelques avantages de la station verticale et justifier la finesse du toucher humain. Les autres animaux peuvent l'emporter par la vue, l'odorat ou l'ouïe, mais aucun ne l'emporte par la finesse du toucher, si importante pour la vie intellectuelle.

---

6. Descartes, *Discours de la méthode*, suivi de *Méditations métaphysiques*, Montréal, Variétés, 1946, p. 197
7. Thomas d'Aquin, *Somme théologique*, I, q. 75, art. 4
8. Thomas d'Aquin, *Somme théologique*, I, q. 89, art. 1
9. Thomas d'Aquin, *Somme théologique*, I, q. 91, art. 3

Quand on adhère au parti philosophique d'Aristote, on ne doit plus parler ni se comporter en platoniciens. Ne pas parler comme des platoniciens, c'est éviter de dire: «Je suis mon âme.» Ne pas se comporter comme des platoniciens, c'est cesser de considérer son corps comme le cheval du cavalier. Dans la lignée d'Aristote et de Thomas d'Aquin, on est un corps et une âme substantiellement unis. Et l'on se comporte en conséquence. Le corps et ses nombreux besoins à satisfaire font l'objet, en morale, d'une vertu ou qualité qui a nom tempérance.

2. La tempérance

Certains écoliers préfèrent l'écran du cinéma au tableau noir; d'autres préfèrent les queues de billard aux queues de classe; en général, ils préfèrent le jeu à l'étude. Qui ne les comprend? Les adultes n'ont pas de leçons à leur donner. Vaincus par l'austérité de leur régime, le malade ou le ventripotent cèdent à la tentation du plat défendu; menacé de cirrhose, le buveur continue de pomper son litre quotidien; malgré les avertissements de la médecine, les fumeurs fument toujours comme des cratères. Bref, chez les humains, d'innombrables cigales dansent pendant l'été destiné au travail.

À la lumière de ces quelques exemples et d'une multitude d'autres que l'on pourrait recueillir, il est manifeste que beaucoup de gens ne font pas ce qu'ils devraient faire ou ne font pas ce qu'ils voudraient faire à cause d'un amour incontrôlé des plaisirs de la vie. La bonne conduite de la vie exige que cet amour du plaisir soit non pas combattu mais contrôlé. N'importe qui a l'expérience nécessaire pour en convenir. Et l'on a donné, il y a des millénaires, le nom de tempérance à la qualité que possèdent les personnes qui ont pris le contrôle de leur inclination naturelle et louable au plaisir, au lieu de s'y abandonner.

Tempérance est un nom bien choisi. Il a été formé du latin *temperare*, auquel les gens de langue latine attachaient de multiples compléments. Quand un Romain disait: *Tempero vinum*, cela signifiait: je coupe mon vin d'eau ou je mets de l'eau dans mon vin. On «tempérait» beaucoup d'autres choses. On tempérait sa colère, c'est-à-dire qu'on la contenait. On tempérait sa langue, c'est-à-dire qu'on la retenait.

Chose que tout le monde désire fortement, le plaisir engendre une inclination qu'il faut plus souvent modérer que stimuler. C'est pourquoi il convenait d'appeler tempérance la qualité qui règle l'inclination naturelle et fort utile au plaisir. Le soin de régler cette inclination consiste la plupart du temps à la modérer. Ce cheval fougueux a besoin d'un mors et non du fouet.

J'ai parlé d'une inclination fort utile. Le plaisir est nécessaire. Il n'a pas été attaché à nos actes comme une souillure à laver; il y a été attaché comme une récompense et un stimulant. La nature a attaché du plaisir aux actes essentiels de manger et de boire. Elle a mis dans l'estomac une douleur qui rappelle que ce devoir doit être rempli. Sans ce plaisir et cette douleur, nous négligerions sûrement ces actes qui constituent une sorte d'esclavage. Faire la popote trois fois par jour, mille fois par année (je soustrais quatre-vingt-quinze repas pris au restaurant, ou chez des amis, ou tout simplement sautés le dimanche et les jours de grasse matinée), c'est une des servitudes les plus lourdes de la vie humaine.

Le plaisir qui adoucit cette servitude, le bon sens demande qu'on le prenne en toute simplicité et reconnaissance. Il ne demande pas que l'on sucre sa soupe ni que l'on sale son café (sa bière, d'accord). Il lui répugne cependant que l'on se chatouille la luette avec une plume après s'être empiffré (comme faisaient certains Anciens) pour se procurer le plaisir de se remettre à table. Certains d'entre eux, dit-on, constatant que le plaisir de boire et de manger se produisait quelque part dans la région du cou, se souhaitaient un cou de girafe pour un plaisir accru.

La nature a attaché au sexe un plaisir encore plus vif. Judicieuse précaution. Pour sauver leur vie, les humains se résignent à manger les choses les plus répugnantes. Qu'on pense aux prisonniers des camps de concentration; qu'on pense aux gens perdus dans la forêt et à bien d'autres, qui ont dévoré leurs chiens, qui ont mangé des rats ou des mets dégoûtants. Mais qui donc se soucierait de propager l'espèce humaine si un plaisir véhément n'y poussait?

La vie intellectuelle et artistique procure des plaisirs auxquels Freud lui-même rend un impressionnant éloge. Il y a la satisfaction que l'artiste goûte dans la création ou qu'il éprouve à donner corps aux images de sa fantaisie; il y a celle du penseur qui trouve la solution d'un problème ou qui découvre la vérité. Ces satisfactions, dira Freud, sont «plus délicates et plus élevées» que celles qui accompagnent l'assouvissement des désirs pulsionnels «grossiers et primaires»[10]. Inutile de dire que ce n'est pas de ce côté-là que la tempérance doit intervenir le plus souvent...

3. Les espèces de tempérance

Il y a plusieurs espèces de tempérance comme il y a plusieurs espèces de triangles, de mensonges, d'animaux ou de plantes. Chaque plaisir, chaque besoin, chaque inclination qui pose un problème particulier oblige à développer une habileté à le contrôler. Une personne peut avoir un problème de bouteille sans avoir nécessairement un problème

10. Freud, *Malaise dans la civilisation*, Paris, P.U.F., 1971, pp. 24-25

de table; elle peut avoir un problème de pipe sans avoir un problème de couchette. On identifie les espèces de tempérance en faisant l'inventaire des plaisirs dont l'attrait risque de compromettre le développement des potentialités humaines.

3.1 Le plaisir de manger

Au temps du *Petit catéchisme*, parmi les choses qu'on apprenait par coeur, il y avait la liste des sept péchés capitaux: l'orgueil, l'avarice, l'impureté, l'envie, la gourmandise, la colère, la paresse. La gourmandise était le péché qu'un petit tiers de l'humanité environ pouvait commettre; les deux autres tiers n'avaient pas suffisamment à se mettre sous la dent pour qu'il soit prudent de leur parler de gourmandise. Ce dernier problème en est un de justice et non de tempérance.

Les proportions — un tiers, deux tiers — n'ont guère changé. Et chez les membres du tiers ordre de la fourchette, la table donne lieu à des excès qui nuisent à la santé, et une habileté doit être développée pour les éviter. Ce problème n'est pas nouveau. Dans une lettre à Lucilius, son ami, le philosophe Sénèque parle des anciens médecins, qui avaient peu de maladies à guérir, alors que ceux de son temps s'épuisent à combattre des maladies innombrables. La cause? les plaisirs de la table: «Le nombre des maladies ne doit pas t'étonner: compte les cuisiniers»[11]. Et il poursuit: «Dans les écoles des rhéteurs et des philosophes, c'est le désert. Mais quelle foule dans les cuisines.» Après avoir décrit plus en détail la situation, il termine sur cette exclamation: «Dieux bons, que d'hommes occupe un seul ventre»[12]. Quel passionnant débat on pourrait organiser

11. Sénèque, *Lettres à Lucilius*, tome III, lettre 95, p. 55

12. *Ibid.*

entre Sénèque et Ivan Illich: Le nombre des maladies est-il proportionnel au nombre des cuisiniers ou au nombre des médecins?

Le philosophe et médecin juif du Moyen Âge, Maïmonide, mort en 1204, voit dans l'assiette, comme notre Jacques Berrols, la source de la plupart des maladies qui minent la santé des humains avant de la ruiner totalement[13]. Une alimentation peut être mauvaise en raison de la quantité des mets ingérés; elle peut l'être en raison de leur qualité. Manger avec excès d'un aliment excellent pour la santé peut la compromettre; manger avec modération d'un mets nuisible à la santé ne peut que retarder l'échéance de la catastrophe.

Pour ne pas confondre la tempérance et la diététique, une distinction capitale doit être introduite dans les maux provenant de la table. Les uns sont engendrés par l'ignorance: certaines personnes compromettent leur santé parce qu'elles ne savent pas comment se nourrir. Leur cas ressortit à la diététique. D'autres maux provenant de la table sont engendrés par une incapacité de résister au plaisir de manger. C'est à ces personnes-là que la tempérance tend une main secourable, pour les arracher à la poêle à frire, aux gâteaux et au chocolat...

La diététique et la morale ne rencontrent aucune difficulté à se partager les victimes de la fourchette. Ceux qui répondent: «Je ne savais pas» prennent rendez-vous avec la diététiste — ce féminin est sans doute féministe! ceux qui grimacent en marmonnant un plaintif: «C'est tellement bon» s'inscrivent à des leçons de morale.

Disons en terminant que la modération ne demande pas qu'on flétrisse le plaisir de manger. La modération

13. Maïmonide, *Le livre de la connaissance*, Paris, P.U.F., 1961, ch. IV

demande qu'on le contrôle, qu'on n'en soit pas esclave. Si la tempérance dans le manger exigeait la ruine du plaisir de manger, Soeur Berthe serait damnée pour l'éternité. La tempérance est une vertu fort sympathique par son audace de jouer avec le feu: permettre qu'on raffine le plaisir de manger, d'une part; exiger qu'on le contrôle, d'autre part.

3.2 Le plaisir de boire

Boire, c'est d'abord avaler un liquide quelconque: eau, lait, thé, café, vin, bière. Dès sa naissance, l'enfant sait boire. Il n'y a pas de morale à ce niveau-là. C'est de la mécanique. Le boire, c'est ensuite la boisson elle-même. Et certaines boissons posent des problèmes particuliers. Pas l'eau: le besoin d'eau est réglé par la nature. Personne ne s'en prive longtemps, personne n'en boit avec excès. Les aqualiques sont rares. Il n'y a donc pas d'habileté à acquérir pour le bon usage de l'eau.

Mais il y a des habiletés à acquérir pour l'usage d'autres boissons susceptibles de nuire à la santé et dont la consommation pose des problèmes depuis notre grand-père Noé. Tout le monde pense aux boissons alcooliques, à cause de la forte inclination que leur usage produit souvent et des ravages que cause l'excès en ce domaine.

L'habileté à faire usage des boissons alcooliques de manière à ne pas nuire à sa santé d'abord, puis à en faire usage comme il convient dans telle ou telle circonstance (au volant de la voiture, le bistouri à la main, etc.) porte le nom de sobriété. Si vous ouvrez un dictionnaire, vous apprendrez peut-être que la sobriété est le comportement de la personne qui boit et qui mange avec modération. Et qui mange... Le *Petit Robert* ajoute fort heureusement qu'en un sens spécial la sobriété est le fait de boire peu ou de ne pas boire d'alcool. C'est en ce sens spécial que je parle de la sobriété.

Si le *Petit Robert* consigne fort heureusement le sens spécial du mot sobriété, il est moins heureux dans la définition qu'il en donne. Être sobre, ce n'est pas boire peu ou pas, c'est boire comme il convient: peu si les circonstances exigent qu'on boive peu; beaucoup si elles exigent qu'on boive beaucoup; pas du tout dans d'autres circonstances.

Ceci dit, il faut envisager les boissons alcooliques du point de vue moral, c'est-à-dire du point de vue de l'épanouissement de la personne humaine. Les boissons alcooliques y contribuent-elles? Voilà la question qu'il faut d'abord trancher. Qui va le faire? Le bon sens? La science? Les moralistes?

On sait que chez nous certaines gens ont déjà soutenu que toute boisson enivrante est un poison. On sait également que les musulmans s'abstiennent de toute boisson alcoolique. Par contre, on sait à quel point l'usage des boissons alcooliques est répandu dans la plupart des pays du monde. Est-ce là un besoin culturel ou un besoin naturel?

On me permettra sûrement de citer la Bible sur ce point: «Le vin est comme la vie pour les hommes, si tu le bois modérément. Quelle est la vie de l'homme qui manque de vin? Le vin a été créé à l'origine pour la joie»[14]. J'enchaînerai avec Thomas d'Aquin, qui n'a pas la réputation d'être un soûlaud. Après avoir rappelé qu'un léger excès dans l'usage des boissons enivrantes est très nuisible parce qu'il compromet davantage l'usage de la raison que les excès de table, il ajoute que l'usage modéré des boissons enivrantes est très utile: *multum confert*, en latin, expression difficile à rendre en français[15]. Il est amusant de noter que le dominicain J.-D. Folghera a escamoté *multum* (beaucoup, très)

14. *Écclésiastique*, XXXI, 32-35

15. Thomas d'Aquin, *Somme théologique*, II-II, q. 149, art. 1

dans sa traduction. Il se contente de dire que l'usage modéré des boissons enivrantes est utile, alors que Thomas d'Aquin dit *très* utile. *Traduttore, traditore*: traducteur, traître.

Mais la joie que procure le vin se paye-t-elle en jours retranchés à la vie? À cette question, seule la science peut répondre. Elle l'a déjà fait, d'ailleurs. Et il semblerait que l'usage modéré des boissons alcooliques non seulement ne retranche pas de jours à la vie humaine, mais qu'il en ajoute quelques-uns. C'est presque trop beau pour être vrai. D'ordinaire, un remède doit avoir mauvais goût et une bonne bouteille contenir du poison.

Cependant, ce n'est pas là que se situe le problème de la morale. La morale doit rendre capable de contrôler l'inclination aux boissons alcooliques. Si donc la science prouve qu'il faut en user modérément, la morale rendra capable d'en user modérément; si la science prouve qu'il faut s'en abstenir dans certaines circonstances, la morale rendra capables de s'en abstenir les personnes qui le devront.

Contrôler l'inclination au plaisir n'exclut pas qu'on trouve occasionnellement raisonnable de s'y abandonner. Un exemple avant de m'expliquer. La personne qui décide de se jeter du douzième étage pour s'enlever la vie ne peut pas revenir sur sa décision en passant au huitième: elle n'a plus le contrôle du mouvement qu'elle a décidé d'exécuter. En parlant du plaisir sexuel, qui fait littéralement perdre la tête, Thomas d'Aquin ne craint pas de dire bien sereinement que la raison trouve parfois raisonnable de suspendre son propre usage[16]. Il reviendra ailleurs sur cette étonnante idée dans des termes à peu près identiques: «Il n'est pas contraire à la vertu que l'exercice de la raison soit inter-

16. Thomas d'Aquin, *Somme théologique*, I-II, q. 34, art. 1

rompu dans l'exécution d'une action conforme à la raison»[17].

3.3 La drogue

Le problème de la drogue diffère beaucoup du problème du boire ou du manger. Le boire et le manger constituent des besoins à satisfaire sous peine de mort. Par contre, la personne qui n'a jamais consommé de drogue n'en ressent aucun besoin et ne compromet aucunement sa santé. Il s'ensuit que le besoin de drogue est un besoin acquis ou développé; une manière de besoin culturel. Cependant, il n'est pas culturel comme le folklore d'un peuple, ou sa musique, ou sa cuisine, ou sa philosophie. Une fois développé, le besoin de drogue crée souvent une dépendance qui nous fait croire que la drogue réveille un chat qui dort.

Il ne sert à rien de gémir sur le commencement de la consommation de drogue chez les humains. Bien des commencements sont attribuables au hasard. Noé, par exemple, a appris par hasard que le vin pris avec excès produisait des effets bizarres. Ses fils l'ont bien vu, et ils ont été curieux de faire cette expérience. Il n'est pas dit, d'ailleurs, que Noé n'a pas répété l'expérience, volontairement cette fois, un jour de cafard.

La consommation de drogue est un fait. Un toxicologue éminent, Ludwig Lewin, prétend qu'à part les aliments il n'y a pas de substances qui aient été aussi intensément associées à la vie des peuples, dans tous les pays et à toutes les époques. Ce serait sans doute utopique de rêver d'y mettre un terme. Désarmer l'humanité semble un jeu d'enfant à côté de l'entreprise de la dédroguer. D'ailleurs, à cause de l'usage qui en est fait en médecine, on n'y songe même pas.

---

17. Thomas d'Aquin, *Somme théologique*, II-II, q. 153, art. 2, sol. 2

Refuser sa dose de morphine au cancéreux en phase terminale passerait pour de la cruauté.

Il semble bien que la société n'est pas disposée à fermer les yeux. Certains ravages de la drogue les écarquillent. Mais on fait quoi? On commence par où? Guérir, d'accord, mais surtout prévenir. Étant donné qu'il n'y a pas de besoin chez celui qui n'a jamais consommé de drogue, l'action doit porter sur les causes de la première consommation. J'en vois spontanément deux: le mimétisme et la curiosité.

Le mot mimétisme vient d'un verbe grec qui signifie imiter. On a d'abord parlé de mimétisme à propos de certaines espèces animales, qui, pour se protéger, ont la propriété de se rendre semblables au milieu environnant. Le cas du caméléon est bien connu. Chez les humains, le mimétisme est également une mesure de protection. On imite les comportements des groupes auxquels on appartient, ou bien on les quitte. Avec les loups, on ne bêle pas, on hurle. Une personne qui s'incorpore, pour n'importe quel autre motif, à un groupe où l'on consomme de la drogue ne résistera pas facilement, quel que soit son âge. Le mimétisme n'influence pas que les jeunes. L'autonomie est une plante fragile: il faut lui donner toutes les chances.

À ce sujet, saint Augustin, dont on peut croire qu'il jouissait d'une forte personnalité, écrit dans ses *Confessions*: «Au milieu des jeunes gens de mon âge, j'avais honte d'être inférieur en débauche. Je les entendais se vanter de leurs dévergondages. Pour ne pas être surclassé, je devais faire le mal par vanité. Quand je ne pouvais égaler les meilleurs, je feignais d'avoir commis ce que je n'avais point commis»[18]. Qu'on se rappelle ici le film de Jean Rouch, *La*

---

18. S. Augustin, *Confessions*, Paris, Garnier-Flammarion, coll. «Texte intégral GF» no 21, 1964, II, ch. 3, pp. 40-41

fleur de l'âge ou *les adolescentes*. Ceux et celles qui n'ont pas couché, comme on dit dans le jargon, sont copieusement moqués; ils rougissent et forment le propos de combler au plus tôt cet impardonnable retard.

Il y a aussi la curiosité. Aussi et en même temps, car, dans un groupe où il n'y a pas de drogue, la curiosité ne tenaille pas. La curiosité, c'est le côté papillon de l'être humain. On veut voir, on veut goûter, on veut savoir. La curiosité est greffée sur le désir naturel de connaître. Mais il y a des choses qu'il ne convient pas de connaître; beaucoup même. Bien des gens mourront sans avoir expérimenté la sensation d'un vol à main armée, d'un inceste, d'un viol, d'un assassinat, d'un adultère, d'une descente en parachute, etc. D'autres auront ignoré les effets d'un «joint».

Le mimétisme et la curiosité se contrôlent par des qualités différentes. L'influence que le groupe exerce sur chacun de ses membres sera contrôlée par la force de caractère. Celui qui n'est pas emporté comme une plume au vent, on dira de lui qu'il possède une forte personnalité. Personne ne parlera de tempérance. Il n'a pas à régler un désir, mais à résister à une influence qui s'exerce sur lui du dehors. L'arbre qui résiste à la tornade, le mur qui soutient l'assaut des vagues sont dits solides, forts. Par contre, la curiosité est un mouvement qui s'élance de l'intérieur, comme le désir sexuel ou tout autre désir. Lui résister, c'est lui tenir les cordeaux raides. C'est précisément le rôle que l'on confie à la tempérance.

En matière de drogue plus qu'en tout autre domaine peut-être, il faut s'en tenir aux choses plus qu'aux mots si l'on ne veut pas que la discussion tourne en engueulade. Cependant, on peut se poser la question: qu'est-ce qu'une drogue? et éviter les vaines discussions si l'on répond que c'est une substance qui nuit au bon fonctionnement de l'être humain. Bien fonctionner, c'est bien voir, bien entendre, bien digérer, bien dormir, bien marcher, contrôler ses émotions, avoir des sentiments, raisonner juste, etc.

Toute substance qui, introduite dans l'organisme, nuit au bon fonctionnement de l'être humain, sera inscrite dans la liste des drogues. Mais on comprend bien qu'il y a du plus et du moins dans la capacité de nuire. En moins de vingt et un jours, l'héroïne engendre une dépendance physique chez quatre-vingt-dix-sept pour cent des usagers, tandis que l'alcool prend quatorze ans à le faire chez trois pour cent des usagers. On se gardera bien de dresser cette liste. L'opération tourne toujours à la chicane.

Après avoir inscrit quelques grands noms: héroïne, morphine, cocaïne, LSD, on tombe dans la pharmacie du bon monde: valium, librium, aspirine, et là ça ne va plus. Voir si ces bonnes gens vont accepter qu'on les compte parmi les usagers de la drogue. Ce sont des médicaments, voyons donc. Et si vous continuez vers la bière, le gin, le café, le thé, c'est l'impasse.

Que faire? Passer au laboratoire. C'est là que la question doit se trancher. Les chercheurs — biochimistes, psychologues, psychiatres, etc. — doivent nous dire, quand ils l'ont déterminé, si et dans quelle mesure telle ou telle substance — gardons-nous bien de parler de drogue — nuit au bon fonctionnement de l'être humain.

Quand un organisme fonctionne déjà mal, la médecine peut prescrire une drogue — qu'on appellera pudiquement un médicament — parce que, entre deux mots, il faut choisir celui qui semble le moindre. Entre le mal de l'insomnie et celui des barbituriques, on peut opter pour le second. Mais l'ordonnance médicale n'exorcise pas la drogue devenue médicament. Et comme l'usage médical tourne souvent à l'abus, les effets sont les mêmes.

3.4 Le plaisir sexuel

L'inclination au plaisir sexuel est sans conteste l'une des plus difficiles à harnacher. Il n'est pas facile, en ce domaine, de déterminer ce qui convient et de l'observer. Cependant, les plus permissifs posent quand même des bornes à ne pas dépasser. À l'inceste, au viol, au harcèlement sexuel, à peu près tout le monde dit non.

Ce non suffit à poser le problème de la morale sexuelle. Sont-ce là les seuls comportements inadmissibles? S'il y en a d'autres, quels sont-ils? Et pour quelles raisons sont-ils inadmissibles? Par contre, pour quelles raisons les comportements admissibles le sont-ils? Ce sont des raisons qu'on exige puisqu'on s'est situé en morale naturelle et non point catholique, chrétienne, musulmane ou juive.

D'ailleurs, même en morale catholique authentique, il faudrait apporter des *raisons*. Dire: c'est péché mortel et ça mène tout droit en enfer, ce n'était pas de la morale catholique. À ce sujet, j'exhumerai un texte qui a joui d'un repos plusieurs fois séculaire. «Nous offensons Dieu quand nous agissons à l'encontre de notre bien», écrit nul autre que Thomas d'Aquin [19]. C'est pourquoi, même dans sa *Somme théologique*, il cherche toujours une raison humaine d'interdire ce que n'admet pas la morale catholique.

La qualité qui permet de régler l'inclination au plaisir sexuel porte un nom qu'on ne trouve pratiquement plus que dans les livres — quelques livres — et dans les dictionnaires: chasteté. Les croque-morts de la morale en ont déterré la racine: *castigare*, mot qu'ils ont rendu par châtier. Avec un peu de culture, ils auraient pu donner à ce mot un visage sympathique. Il aurait fallu qu'ils sussent que, chez les Grecs — chez Platon, par exemple — le sexe était consi-

19. Thomas d'Aquin, *Somme contre les Gentils*, III, ch. 122

déré comme un «petit animal autonome» à l'intérieur du gros animal humain. Nous parlons d'un état dans l'État; eux parlaient d'un animal dans l'animal. Le Moyen Âge va aimer et retenir cette image pittoresque. Mais alors la chasteté prend un autre visage. *Castigare* signifie tenir les cordeaux raides à un cheval fringant. C'est plus exaltant, moins assommant.

En dépit de ceux qui soutiennent que tout plaisir est sexuel, le commun des mortels n'accepte pas qu'on lui serve un steak pour satisfaire son désir sexuel. Le plaisir sexuel est rattaché au sexe comme le plaisir visuel est rattaché à la vue. Dans la gamme des plaisirs sexuels, la plus haute note est donnée par la relation sexuelle, qui pourrait consister en une poignée de main pour ceux qui soutiennent que tout plaisir est sexuel, mais qui consiste dans l'union des sexes pour la majorité des autres. La morale, qui a pour mission de régler la conduite humaine, ne peut pas ignorer ce geste auquel le genre humain doit sa survie.

3.4.1 Relations sexuelles et plaisir

Que les relations sexuelles correspondent à une inclination naturelle très forte, personne ne le conteste vraiment; que la culture ait donné et donne toujours un vigoureux élan à la nature, c'est également une évidence. Personne ne conteste non plus que les relations sexuelles soient morales, c'est-à-dire conformes à la raison, moyennant le respect de certaines circonstances.

Pour comprendre le rôle que le plaisir doit y jouer, faisons appel à l'action de manger. Il y a du plaisir à manger, mais la personne qui mangerait uniquement pour le plaisir raterait la fin de la nutrition, qui est de conserver en vie, en santé et vigoureux. Il y a du plaisir à manger, l'art culinaire s'ingénie à raffiner ce plaisir, la morale tente de nous apprendre à le contrôler, mais la nutrition vise un autre but que la recherche du plaisir.

Il en est ainsi des relations sexuelles. La relation sexuelle n'est pas une relation musicale: elle n'est pas la rencontre d'une personne avec des sons, mais la rencontre d'une personne avec une autre personne. Il répugne à la raison que, dans cette rencontre, le plaisir personnel, égoïste, passe au premier plan. La rencontre de l'autre sur le plan sexuel serait plutôt une collision si l'autre n'intervenait que pour le plaisir de l'un. Que chacun des partenaires prenne l'autre comme un objet n'assainit pas le climat.

Je pense que tout le monde est en mesure de comprendre que le plaisir sexuel ne doit pas plus être recherché pour lui-même que ne doit l'être le plaisir de manger. Le mariage ne change rien à la situation. Clairement dit, une relation sexuelle peut constituer une faute morale même dans le mariage. Le mariage ne permet pas de se servir de son conjoint ou de sa conjointe comme d'un objet.

L'usage qui se répand de parler de l'activité sexuelle comme d'un langage nous conduit à la même conclusion. Le langage est un instrument de communication. En un sens à retenir ici, communiquer signifie partager. Le langage sexuel ne doit donc pas être un monologue, mais bien un dialogue. Le plaisir de parler doit être assuré à l'interlocuteur.

3.4.2 Relations sexuelles et espèce humaine

Les relations sexuelles assurent toujours la permanence de l'espèce humaine comme la nutrition assure celle de l'individu. Le jeûne alimentaire conduit à la mort de l'individu; le jeûne sexuel conduirait à la mort de l'espèce humaine. Ces deux morts ne nous impressionnent pas également. La mort individuelle est une obsession, et tous ceux qui en ont la possibilité se tuent à manger. Mais la mort de l'espèce n'est pour personne une obsession. Il reste que la majorité des hommes et des femmes désirent avoir une descendance.

Les adversaires du célibat invoquaient jadis le passage de la *Genèse* où il est dit: «Croissez, multipliez-vous et remplissez la terre»[20]. Les partisans du célibat répliquèrent en introduisant une distinction dans les obligations qui s'imposent aux humains. D'une part, il y a les obligations qui s'imposent à chaque personne en particulier; d'autre part, il y a des obligations que le groupe doit assurer, et non pas chaque individu en particulier.

Dans les sociétés comme celle dans laquelle nous vivons, d'innombrables services sont offerts aux citoyens. Chaque citoyen ne rend en général qu'un seul service: il est médecin, pompier, ingénieur ou avocat. Quand les responsables d'un service sont débordés, on fait du recrutement; quand ils sont trop nombreux, on contingente. La survie de l'espèce doit être assurée, mais il n'y a pas lieu pour l'instant de recruter des volontaires. La plupart des pays du monde ont des problèmes de surpopulation.

D'autres obligations s'adressent non pas au groupe, mais à chaque individu. Dans une société, on ne peut pas avoir des dormeurs comme on a des pompiers et des procréateurs. Chaque individu doit faire son petit dodo.

3.4.3 Relations sexuelles et mariage

Les traits que les beaux esprits ont décochés au mariage nous incitent à croire que le contrat vient gâter la sauce. Chamfort, par exemple, comparait le mariage à «la fumée après la flamme». Proudhon le considère comme «le

---

20. *Genèse*, I, 28

tombeau de l'amour». La Bruyère affirme qu'il n'y a pas de jour où «un homme ne se repente d'avoir une femme et ne trouve heureux celui qui n'en a point». (Les femmes devaient sûrement tenir le même langage.) Enfin, «j'ai souvent pensé, écrit Rousseau, que si l'on pouvait prolonger le bonheur de l'amour dans le mariage, on aurait le paradis sur la terre»[21]. À tous ces beaux esprits, Nietzsche répond sèchement: «Le mariage vaut exactement ce que valent ceux qui le concluent: en moyenne il vaut donc peu de chose»[22]. Vlan!

Disons d'abord que le mariage est un des nombreux contrats qu'une personne signe normalement durant sa vie. Comme n'importe quel autre contrat, il comporte des avantages et des inconvénients. On en connaît bien les inconvénients. Mais le célibat a aussi ses inconvénients: on les connaît moins, parce que les célibataires n'ont pas de conjoint qui les raconte. Quand un célibataire a des problèmes, c'est sa faute, et il ne dit rien qui laisse entendre qu'il est trop imbécile pour se cuisiner un petit bonheur. Par contre, quand un couple a des problèmes, c'est la faute de l'autre. L'enfer conjugal, c'est l'autre. Et le damné de cet enfer se plaint à tous les saints.

Il faut dire aussi que les couples heureux, comme les peuples heureux, n'ont pas d'histoire. Les couples heureux n'ont pas de films, pas de pièces de théâtre, pas de romans, pas de téléromans. L'histoire des couples, c'est l'histoire des problèmes conjugaux.

Les partisans du mariage font appel à l'expérience amoureuse. L'amour est exclusif et veut être éternel. Ceux

---

21. Rousseau, *Émile*, Paris, Garnier-Flammarion, coll. «Texte intégral GF», no 117, 1966, L. V. p. 623

22. Nietzsche, *Ainsi parlait Zarathoustra*, Paris, Gallimard, 1947, p. 338

qui ont aimé passionnément une fois dans leur vie le savent fort bien. Le jurer solennellement, le mettre par écrit n'exige aucun effort quand l'amour actionne la plume. Les amoureux le font cent fois en privé avant que la société exige d'eux qu'ils le fassent en public.

Pourquoi la société exige-t-elle ce contrat? Elle l'exige autant pour se protéger que pour protéger le couple. Le droit de vivre à deux est sacré. Aucune société normale ne doit empêcher un couple de se former et de se donner une descendance s'il le désire. Contre la société, qui pourrait s'immiscer dans ce domaine éminemment privé, on érige le rempart d'un contrat.

Contre la société encore, qui voudrait considérer les enfants comme des citoyens, avant de les considérer comme des filles ou des fils, on signe un contrat de mariage et un registre des naissances, et cela devant des témoins. Par ces actes officiels, le couple protège ses responsabilités et ses droits: responsabilité face à l'éducation des enfants; droit de leur léguer ses biens au lieu de les verser dans les coffres de l'État.

Chez les couples où la femme n'est pas encore financièrement indépendante, le contrat comporte des garanties. D'accord, l'amour se veut éternel et exclusif, mais, la chair étant faible, il est souvent temporaire et inclusif... Ce que l'amour répugne à regarder en face, le bon sens, averti par l'expérience accumulée de la vie à deux, le considère. Le contrat protège celles des femmes qui, dans l'état actuel et dénoncé des choses, renoncent à un revenu pour tenir la maison et s'occuper des enfants. Dans le monde de demain — ou d'après-demain — la situation aura sans doute changé.

Enfin, le contrat s'élève comme une sorte de rempart de l'amour; il le protège. Sans contrat, on abandonne peut-être plus facilement au premier obstacle. Rendre la séparation difficile, mais non point impossible, c'est ménager aux couples l'occasion de se reprendre après une secousse. Il ne s'agit pas de s'obliger par contrat à s'aimer durant toute la vie, ce qui serait totalement ridicule: l'amour ne se commande pas, mais le contrat donne à la crise un peu de temps pour s'apaiser. Sans contrat, beaucoup de couples se seraient défaits qui considéreraient le geste comme une bêtise. L'objection qui soutient que le contraire est également vrai a perdu beaucoup de force avec les facilités actuelles de refaire sa vie.

La sécurité du contrat comporte un danger. Je comparerais le contrat au fil qui protège le funambule contre un faux pas. Un funambule peut négliger son entraînement sous prétexte que le fil est là en cas d'erreur. De même, un partenaire peut négliger d'entretenir l'amour, de conquérir chaque jour, sous prétexte que la chaîne du contrat retient l'autre.

Au sens propre du terme, le mariage est l'union d'une femme et d'un homme, mais, au sens figuré, les couleurs, les parfums, les mots et les homosexuels se marient également. Dans le mot mariage, le mot mari s'impose au premier regard, mais il faut chercher autre chose. En latin, mariage se disait *matrimonium*, ce mot étant lui-même formé de deux autres: *mater*, mère, et *onus*, fardeau. Le mariage était considéré, par ceux qui ont fabriqué le mot *matrimonium*, comme une société à deux, dans laquelle l'un des membres devient mère — toujours le même — et la maternité constitue un fardeau: la femme porte l'enfant et ne peut dissimuler sa maternité.

Il semble que l'on soit justifié de distinguer trois formes de mariages: le mariage naturel, le mariage civil et le mariage religieux. Naguère au Québec, on ne connaissait que le mariage religieux. Le mariage était l'un des sept sacrements, les six autres étant le baptême, la confirmation, l'eucharistie, la pénitence, l'extrême-onction et l'ordre. Le mariage fermait la marche (et presque le ciel...: il y avait si peu d'élus à cette époque-là). Les gens se mariaient à l'église, devant le prêtre, qui bénissait leur union.

La baisse de fréquentation des sacrements a conduit au divorce du mariage et du sacrement. Il a fallu aménager, pour ceux qui ne voulaient pas se marier à l'église, un autre endroit pour le faire: ce fut le palais de justice. Le mariage civil et le mariage religieux sont tous deux des contrats, et l'on parle fort justement de contracter mariage. L'expression est consacrée.

Mais il y a des gens qui ne veulent entendre parler ni de l'église ni du palais de justice, cependant, ils forment des couples, sous l'impulsion de l'amour, vivent ensemble, s'entraident, procréent des enfants et sont fidèles l'un à l'autre, comme le veut l'amour, dans la mesure du possible. Pourquoi ne pourrait-on pas dire de ces couples qu'ils sont naturellement ou virtuellement mariés?

3.4.4 Relations sexuelles en dehors du mariage

Les relations sexuelles peuvent avoir lieu en dehors du mariage. C'est là une circonstance que le bon sens ne peut ignorer. Deux cas peuvent se présenter. Dans un premier, les partenaires, quoique non liés entre eux par les liens du mariage, le sont cependant avec d'autres, au moins l'un d'entre eux. On parle alors d'adultère. Le terme est toujours en usage. Dans certains pays, on lapide encore les personnes coupables d'adultère.

Quand les partenaires sexuels ne sont liés ni entre eux ni avec d'autres par les liens du mariage, on pourrait parler de fornication, mais le mot fait un peu vieux aux jeunes oreilles. Fornication, fornicateur et forniquer ne font plus partie du vocabulaire quotidien, même si les dictionnaires ne les classent pas parmi les mots vieillis et que le législateur les emploie toujours[23]. Qui veut être compris sans hésitation doit parler d'amour libre, ou de personnes libres d'aimer, parce qu'elles ne sont retenues par aucun lien matrimonial: ni entre elles ni avec d'autres.

• L'adultère

Les législateurs de tous les pays s'intéressent à l'adultère, mais la plupart ferment les yeux sur la fornication ou amour libre. C'est un signe que, selon eux, l'adultère nuit au bon fonctionnement de la société; tout au moins, qu'il nuit davantage que la fornication.

L'adultère comporte une injustice, une violation de contrat. En effet, dans le mariage communément pratiqué, une femme et un homme unissent leur destinée pour la vie, suivant les exigences de leur amour, et s'assurent l'exclusivité de certains services. Et dans la mesure où l'adultère comporte une injustice, les législateurs y sont particulièrement attentifs, car, comme nous l'avons dit, ce sont les fautes contre la justice qui, plus que toutes les autres, menacent une société de désagrégation.

Les expressions: mon mari, ma femme, évoquent un certain droit de propriété. Le contrat passé entre un homme et une femme engendre des droits et des devoirs. Avant de se livrer au bénévolat dans le voisinage, il faut remplir ses devoirs de mari et d'épouse. Les gens du Moyen Âge n'exemptaient pas de faute le mari qui partait pour la croisade contre la volonté de sa femme: les exigences du lit conjugal passaient avant le désir d'arracher le tombeau du Christ des mains des mahométans.

---

23. *Code criminel canadien*, art, 423 c

Tout n'est pas dit quand on a considéré l'adultère comme une injustice. En tant qu'il comporte une relation sexuelle en dehors du mariage, les pages qui suivent complètent ce qui vient d'être dit.

• **La fornication ou amour libre**

Le problème de l'amour libre est beaucoup plus difficile à traiter que celui de l'adultère. Pour quelles raisons deux personnes libres de tout lien matrimonial s'interdiraient-elles les rapports sexuels? Elles peuvent se les interdire à cause de l'éducation qu'elles ont reçue: on leur a dit que c'était défendu, et elles s'abstiennent. Mais pourquoi s'abstenir?

Remarquons d'abord que la loi n'interdit pas la fornication. Le *Code criminel* canadien en parle à propos des complots, mais c'est pour faire un acte criminel d'un complot en vue d'induire une femme à commettre la fornication[24]. Ce n'est pas la fornication comme telle qui est en cause. Mais on sait que ces rapports ne sont pas nécessairement moraux du fait qu'ils ne sont pas interdits par la loi.

Les législateurs, comme nous savons, s'en tiennent aux choses les plus graves, à savoir celles qui assurent le bon fonctionnement d'une société, celles sans lesquelles la société est menacée de désagrégation. On pourrait donc conclure que l'amour libre ne constitue pas une menace comme en est une l'adultère. Mais, à supposer qu'il en constitue une, on voit mal comment la justice pourrait appréhender les contrevenants. Et la conclusion est facile à tirer: à quoi bon passer une loi qu'on ne peut pas faire observer?

Quand on discute ce problème, certaines personnes nous répondent spontanément qu'il n'y a pas de problème

---

24. *Code criminel canadien*, art, 423 c

là: l'amour libre est un comportement sexuel normal (moral) auquel peuvent se livrer en toute quiétude les gens qui en ont le goût. Mais quand c'est une mère de famille qui parle ainsi et qu'on lui dit: «Qu'allez-vous dire à votre fille de treize ans?» Tout d'abord: «Allez-vous lui dire quelque chose?» Allez-vous lui dire: «Ma fille, tu as un sexe; c'est une source intarissable de plaisir; bois-y à longs traits?»

Rares sont les parents qui tiendraient ce langage. Ce que l'on trouve normal en ce domaine, on le trouve normal moyennant un certain âge ou moyennant une certaine maturité. Il en est ici comme des boissons alcooliques: on trouve normal que des adultes en prennent modérément, mais on craindrait que des jeunes de douze, treize ou quatorze ans ne puissent suivre en cette matière la ligne de conduite que dicte la raison.

Si des parents disent à leurs jeunes de quinze ans de s'interdire les relations sexuelles, les jeunes vont demander des *raisons*: «Pourquoi?» Il y a plusieurs réponses possibles. Quand on n'a jamais fumé, jamais pris de drogue, jamais bu de boissons alcooliques, on n'en souffre pas: pourquoi se créer des besoins nouveaux? Le besoin ou le désir d'avoir des relations sexuelles n'est pas bien fort à seize ans. Quand il est fort, il s'agit d'un besoin cultivé et non d'un besoin naturel.

Pourquoi? Il y a un risque réel que ces relations engendrent un enfant. Une étude menée par une étudiante de l'université Laval révèle que les mères de douze à quinze ans sont plus nombreuses que celles de seize à dix-huit ans. Être mère ou père à quinze ans, c'est hypothéquer son avenir.

Mais alors, à quel âge? Quand les jeunes ont atteint la majorité, dix-huit ans chez nous, les parents n'exercent plus sur eux l'influence qu'ils exerçaient avant. Les jeunes peuvent alors prendre leurs responsabilités. Mais le problème s'était posé plus tôt. Quand on leur interdisait les relations sexuelles à quinze ans pour certaines raisons, fallait-il leur dire: «À dix-huit ans, ces relations seront normales»?

Les adultes libres de tout lien matrimonial et consentants peuvent-ils avoir les relations sexuelles qui leur plaisent dès qu'ils ont atteint leur dix-huitième année? Imaginons qu'un jeune de dix-huit ans demande l'avis de ses parents en cette matière. La réponse pourrait être: «Prends tes responsabilités.» Selon moi, ce serait une excellente réponse; meilleure que celle de bien des sexologues. Lui dire de prendre ses responsabilités, c'est le confier à son bon sens, porte-parole de la nature. Or la nature est meilleure conseillère que bien des adultes inconsciemment désireux d'entraîner les jeunes sur des chemins qu'ils foulent avec mauvaise conscience. Quand on ne sait pas quoi dire, le silence est, en ce domaine comme en bien d'autres, la meilleure réponse.

Ceux qui attribuent tous nos malheurs érotiques à l'influence du christianisme écouteront avec profit quelques sons de cloches païens. Au début de ses *Pensées pour moi-même*, l'empereur païen Marc-Aurèle remercie les dieux pour les faveurs qu'il croit avoir reçues de leurs mains. Entre autres, il y a celle-ci: «... ne pas avoir prématurément fait acte de virilité, mais en avoir même retardé le moment»[25]. Un autre païen, Épictète, parle dans le même sens: «Autant que faire se peut, garde-toi pur avant le mariage»[26].

---

25. Marc-Aurèle, *Pensées pour moi-même*, Paris, Garnier, 1951, L. I, XVII, p. 37

26. Épictète, *Manuel*, dans *Pensées pour moi-même* de Marc-Aurèle, suivies du *Manuel* d'Épictète, Paris, Garnier, 1951, XXXIII, 8, p. 239

Pourquoi? mais pourquoi donc? Ceux et celles qui sont incapables de l'être avant le mariage auront de la difficulté à l'être après. Et l'on sait que l'amour ne tolère pas l'infidélité. C'est un argument. Est-il convaincant? question d'expérience. Pourquoi? À cause du risque d'avoir un enfant? Mais les moyens actuels de contraception sont tellement efficaces. Pourquoi? À cause de la menace des maladies vénériennes? Peut-être: les MTS, c'est agaçant.

Il semble que l'un des arguments les plus solides soit d'ordre social. Pour une tradition puissante et plusieurs fois millénaire, la famille constitue la cellule du corps social. Et comme la famille trouvait normalement son origine dans le mariage, les législateurs de tous les temps se sont penchés avec beaucoup de soin sur cette institution.

Quand le médecin prononce: «Cancer de la gorge, écrase» (la cigarette), la soumission est immédiate. Il serait naïf de s'attendre à une pareille efficacité des arguments, aucunement péremptoires, contre les relations sexuelles libres dans un monde où la publicité en exaspère le besoin.

Il s'agit d'un idéal. Ce n'est pas le seul qui circule: il y a presque autant d'idéaux en circulation que de satellites en orbite autour de la terre. Nous visons le désarmement, un partage équitable des richesses, la dépollution de l'air et de l'eau, la fin de l'exploitation de l'homme par l'homme, etc. Ce sont des idéaux que nous n'atteindrons pas demain.

On a ajouté un nouvel idéal; il ne sera peut-être jamais atteint, ce qui n'empêche pas qu'on y tende dans la mesure où la faiblesse humaine en est capable. Les échecs seront pendant longtemps encore, peut-être, plus nombreux que les réussites en ce domaine comme en bien d'autres où l'on n'abandonne pas l'idéal. Les faiblesses en ce domaine ne sont pas des crimes: les crimes, c'est la guerre, la torture, la faim, etc. Et mes interlocuteurs de rétorquer en me citant saint Augustin: *Nunc satis bene vivitur, si sine crimine* (Maintenant, on vit assez bien quand on évite le crime)[27]. Maintenant; saint Augustin est mort en 430. Je pense qu'il répéterait la même chose en voyant ce qui se commet d'horreurs dans le monde.

3.4.5 L'homosexualité

Le mot *homosexualité* peut laisser entendre qu'il s'agit d'une affaire d'hommes au sens de mâles. Eh bien non; le préfixe *homo* est d'origine grecque: *omoios*, qui signifie semblable. L'homosexualité est une inclination vers une personne du même sexe: une femme vers une femme, un homme vers un homme. Pour dissiper toute équivoque, on emploie souvent lesbienne pour désigner une femme homosexuelle.

Au Canada, depuis quelques années, l'homosexualité n'est plus un acte criminel, mais elle n'a pas acquis pour autant ses lettres de noblesse. Pour les gens qui se croient et se disent «normaux», elle constitue toujours une déviation. Et dans les ouvrages de morale «traditionnelle», comme on dit, l'homosexualité est classée parmi les comportements contraires à la nature. Mais, pour comprendre le fin fond de la pensée de ces auteurs, il importe de connaître une distinction qu'ils font entre la nature de l'espèce et la nature de l'individu[28]. Une distinction que certains font, car la plupart l'escamotent, la croyant dangereuse.

Si l'on se place du point de vue de l'espèce humaine, il est évident que l'homosexualité est contraire à la nature. Si vous me permettez une prosopopée, je dirai que l'espèce

---

27. S. Augustin, *La Cité de Dieu*, L. XIV, ch. IX, p. 392, dans *Oeuvres de saint Augustin*, Desclée De Brouwer, 1959, tome 35

28. Thomas d'Aquin, *Somme théologique*, I-II, q. 51, art. 1

humaine s'oppose à l'homosexualité au nom même de sa survie, comme je m'oppose au jeûne pour la même raison. L'homosexualité, c'est la mort de l'espèce humaine.

Si l'on descend du plan de l'espèce et qu'on regarde les choses du point de vue d'un individu en particulier, le paysage change considérablement. L'immense majorité, selon toute apparence, est bien dans les bras d'une personne du sexe opposé; les autres semblent bien dans les bras d'une personne du même sexe. Contre nature, la situation de ces dernières personnes? Nature de l'espèce, oui, au sens indiqué ci-dessus. Nature de l'individu? Question difficile.

Il est possible que certaines personnes, de par leur complexion naturelle, soient inclinées vers les êtres du même sexe qu'elles. Seule la science est en mesure de trancher une telle question. S'il arrivait qu'elle la tranchât un jour en faveur des homosexuels, le respect de la morale pour la nature ne devrait pas se cabrer. Le devoir de propager l'espèce n'est pas imposé à chaque individu en particulier. Les autres s'en chargeront: les non-pompiers abandonnent aux pompiers la tâche d'éteindre les incendies.

3.4.6 La masturbation

La masturbation est une pratique qui consiste à obtenir le plaisir sexuel sans utiliser le moyen de la conjonction sexuelle. Cette définition en partie négative laisse entendre que la masturbation ne consiste pas que dans «l'attouchement des parties génitales», comme dit le *Robert*. Le visionnement d'un film ou une lecture érotique provoquent dans certains cas les mêmes effets.

Il existe une énorme littérature sur ce comportement. Une littérature qui décrivait la masturbation comme une pratique très dangereuse. Pour se mettre dans le ton, rappelons une opinion du philosophe et mathématicien Pythagore (VIe siècle avant Jésus-Christ), dont on connaît mieux le théorème et la table que les opinions sur la masturbation et les fèves. Selon lui, «le sperme est une goutte de cervelle»[29].

Pour faire peur aux jeunes, il y a moins de cinquante ans, on leur disait encore qu'ils risquaient de devenir fous s'ils s'adonnaient à la masturbation. Et il ne faut pas croire que les prédicateurs de la retraite de rentrée, en septembre, étaient les seuls à tenir de semblables propos. Voltaire (1694-1778), qui n'a rien d'un prédicateur de retraites scolaires, fait siennes les opinions de deux médecins, l'un anglais et l'autre suisse, sur ce sujet.

Selon ces trois sires — auxquels pourraient se joindre nombre de personnages prestigieux, dont le très grand philosophe Emmanuel Kant — la pratique de la masturbation a pour conséquence «la perte des forces, l'impuissance, la dépravation de l'estomac et des viscères, les tremblements et les vertiges, l'hébétation (hébétude: effondrement des facultés intellectuelles), et souvent une mort prématurée. Il y a des exemples qui font frémir»[30].

Cette liste impressionnante impressionne moins qu'au temps de Voltaire. D'abord, gardons-nous de prendre la cause — l'imbécillité — pour l'effet. Certains imbéciles ou détraqués se masturbent à un rythme excessif, d'accord, mais l'imbécillité est la cause et non l'effet de leur comportement. Quant aux effets nocifs sur la santé, il n'y a pas lieu de les distinguer des effets nocifs des relations sexuelles

---

29. Diogène Laërce, *Vie, doctrine et sentences de philosophes illustres*, Paris, coll. Garnier-Flammarion no 77, tome 2, p. 134

30. Voltaire, *Oeuvres complètes*, Paris, Desoer, 1817, tome VII, *Dictionnaire philosophique*, seconde partie, p. 1473

normales perpétrées à un rythme excessif. Les glandes génitales ignorent les moyens par lesquels on les met en activité.

Après avoir congédié le bonhomme sept-heures, la morale doit considérer la masturbation en distinguant les différentes étapes du développement d'un être humain: enfance, adolescence, jeunesse, maturité. Au terme de ce développement, la plupart des êtres humains devraient être en mesure d'avoir des rapports hétérosexuels responsables et enrichissants. Il est superflu de préciser que ce développement ne prendra jamais l'allure rigide et nette d'une démonstration géométrique: il y aura du tâtonnement, des erreurs, des reprises, bref, il sera humain.

Si l'on veut souligner des inconvénients de la masturbation, il faut se placer en face du but visé par l'éducation sexuelle. Si ce but consistait dans la simple recherche du plaisir, on ne verrait pas pourquoi il serait interdit de prendre seul ce plaisir. Mais si le plaisir est attaché à la rencontre de l'autre du sexe opposé — pour la majorité des cas — la situation est différente. La masturbation va à l'encontre de la tendance sociale qui pousse à la communication sous toutes ses formes.

Du point de vue de la santé, la masturbation comporte un danger dans la mesure où le peu d'équipement qu'elle requiert favorise on ne peut plus les excès. On est plus vite organisé pour faire du jogging que pour jouer un match de baseball...

Chapitre 7

La dimension sociale

Parler de dimension sociale, c'est évoquer la société dans laquelle on vit, celle dans laquelle on a vécu, celle dans laquelle on voudrait vivre. Les êtres humains vivent en société; c'est un fait. Et quand on lit l'histoire, on se surprend à penser qu'ils auraient peut-être mieux fait de vivre solitaires. Certains s'y essaient, mais ils s'installent si près de la société qu'ils feignent de rejeter que leur expérience n'est guère concluante: trop de liens les relient encore à la société.

Jusqu'où faudrait-il remonter pour rencontrer les premiers humains qui ont décidé, un bon jour, de s'organiser en société civile? Beaucoup d'auteurs parlent bien de «l'état de nature», comme ils disent, mais sans le situer: ils le rejettent dans la nuit profonde des temps. Quant à nous, le choix ne nous a pas été laissé: nous sommes nés dans une société organisée et il n'y avait pas moyen d'aménager à côté.

Plusieurs sciences étudient ce fait: philosophie, depuis des millénaires, et, plus récemment, sociologie, psychologie, anthropologie, etc. Les conclusions sont partout les mêmes: l'être humain a besoin de l'autre pour échanger des services et il en a besoin pour l'amitié.

1. Deux attitudes face à l'autre

1.1 L'autre pour l'échange de services

On dit de l'être humain qu'il est à la fois social et sociable. Quoique assez rapprochées l'une de l'autre, ces deux épithètes ne sont pas synonymes. On ne peut pas parler indifféremment de classes sociales ou de classes sociables! Que faut-il entendre d'abord par *social*? S'il s'agissait simplement de vivre — d'exister, comme on lance en badinant — la société familiale suffirait. La famille est en mesure de procurer à l'être humain les choses absolument indispensables à la vie; les choses sans lesquelles la vie n'est pas seulement misérable, mais, à toutes fins pratiques, impossible.

Mais les humains ne se sont jamais contentés d'exister: ils se sont ingéniés à bien vivre, à vivre agréablement, voire douillettement. Or pour bien vivre, c'est-à-dire pour satisfaire le mieux possible leurs désirs si variés, ils ont besoin d'une société mieux organisée — munie de plus d'organes — que la société familiale. Aussi Alain a-t-il pu dire que la société civile est «la plus utile de toutes les inventions humaines» même si elle est «seulement passable»[1].

Pour nous faire comprendre cette grande vérité, que la vie quotidienne ne cesse d'éclabousser, Platon nous invite, dans sa *République*, à assister à la naissance de la société

---

1. Alain, *Propos*, Pléiade, p. 45

civile[2]. L'être humain a besoin de protection pendant son sommeil, il a besoin de nourriture, de vêtements, de gîte, d'outils de toutes sortes, de conseils, d'enseignement, etc. Le problème s'est vite posé de savoir si un homme devait se fabriquer soi-même et pour soi-même son vêtement, son gîte, ses outils, ou s'il était préférable que l'un coupe les vêtements de tous, qu'un autre fabrique les outils, voire tel outil, un autre les meubles.

Les gens de ces temps reculés ont vite compris, dans leur rude bon sens, que les produits sont plus abondants et de meilleure qualité quand chacun se spécialise dans un métier conforme, autant que possible, à ses aptitudes et à ses goûts. Et la société était née. Née du besoin de choses très variées, qu'elle promettait abondantes et de bonne qualité. Dire de l'être humain qu'il est social, c'est dire qu'il est fait pour la vie en société en tant qu'il a besoin des autres pour se réaliser, pour s'épanouir ou pour se développer selon toutes ses dimensions.

En voyant fonctionner le corps humain, l'idée est sans doute venue aux plus imaginatifs que la société aurait grand profit à le prendre pour modèle. Dans le corps animal, l'oeil voit pour tous les autres organes: il voit pour la main (qui n'a pas son petit oeil au bout de l'index), il voit pour le coeur, pour les pieds, etc.; de même, la main est au service de tous les autres organes.

Et la société a été organisée sur ce modèle; chacun y offre un service à tous: le médecin soigne le pompier, l'agriculteur, l'ingénieur, etc. Pour un service qu'il offre, chacun bénéficie d'un nombre insoupçonné de services. Le nombre de services dont on dispose dans une société comme la

---

2. Platon, *La République*, Paris, Gallimard, coll. «Bibliothèque de la Pléiade» no 58, 1950, II, 369

nôtre étonne tous ceux qui y réfléchissent, mais il y en a peu qui y réfléchissent. Amorçons cette réflexion.

C'est par douzaines, par centaines, voire par milliers que se comptent les services qui nous sont offerts en échange du petit service que nous rendons. Commençons à compter. La maison que j'habite est une gerbe de services: service du menuisier, du plombier, de l'électricien, du maçon, du peintre, du plâtrier, du tapissier, du briqueteur, etc. Le bois qu'utilise le menuisier a été coupé dans la forêt, transporté, scié, vendu, etc. On dénombrerait autant de services reliés à celui du maçon ou de l'électricien. Il faudrait passer en revue les appareils ménagers, les aliments, le journal, la voiture. En allant au travail, je passe devant une épicerie, un restaurant, un cinéma, une bibliothèque, un hôpital, une école, un garage, un hôtel, un salon funéraire, un cimetière! Les *Pages jaunes* sont à la disposition de ceux qui ne savent plus de quel côté regarder.

Chaque citoyen rend, en principe, un seul service à la collectivité et il bénéficie de services innombrables. À cause de l'habitude, on ne s'en étonne plus. Aussi Jean Rostand sent-il le besoin de le rappeler de façon ironique à nos cervelles de lièvre: «L'Homme n'est pas tenté d'oublier qu'il est un animal intelligent, tandis qu'il peut lui arriver d'oublier qu'il est un animal sociable...» (Je préférerais social à sociable.) Il oublie tout ce qu'il doit à la société, «qui, multipliant l'Homme par lui-même, lui (a) donné le moyen d'atteindre à de si prodigieux résultats dans le domaine du savoir comme dans celui du pouvoir»[3].

Convient on ne peut mieux à la société civile la devise bien connue des Mousquetaires d'Alexandre Dumas: «Un pour tous, tous pour un.» Et si l'on veut de la médecine com-

---

3. Jean Rostand, *L'Homme*, Paris, Gallimard, coll. «Idées» no 5, 1968, p. 119

pétente, empressée et courtoise, il faut offrir soi-même un service compétent, empressé et courtois. Celui qui offre un service médiocre n'a pas le droit de se plaindre de la médiocrité des services qui lui sont offerts par ses concitoyens. Celui qui se traîne les pieds à l'ouvrage ne doit pas s'attendre à ce que les autres courent au devant de ses besoins. Et ainsi l'autre m'apparaît d'abord comme une personne avec laquelle j'échange un service.

1.2 L'autre pour l'amitié

Nous venons de voir que les humains vivent en société parce qu'ils sont sociaux; nous verrons maintenant qu'ils vivent en société parce qu'ils sont sociables. Être sociable, c'est rechercher la compagnie de ses semblables pour des raisons qui ne sont ni vestimentaires, ni culinaires, ni sanitaires, ni artistiques, ni techniques, ni militaires; c'est rechercher la compagnie de ses semblables parce qu'on aime son semblable et ressent pour lui une bienveillance naturelle.

Quand Alain écrit que «la société est fille de la peur»[4], il énonce une demi-vérité. Si elle est fille de la peur en tant que l'être humain est *social* et a besoin qu'on veille sur son sommeil, elle est fille de l'amour en tant qu'il est *sociable*. On a tellement répété, depuis Plaute, poète comique latin mort vers 184 avant J.-C., que l'homme est un loup pour l'homme — Plaute disait: *Homo homini lupus* — qu'on exige des explications de celui qui vient nous parler de la bienveillance naturelle de l'homme pour son semblable.

S'il arrive occasionnellement à l'homme d'être un loup pour l'homme, il n'en est pas moins naturellement l'ami, encore plus que ne l'est le chien... Des observateurs de tous

4. Alain, *Philosophie*, Paris, P.U.F., 1955, tome II, p. 139

les temps et de toutes les latitudes ont noté que la bienveillance rend bien dans le coeur humain. Leurs témoignages éveilleront sans doute en nous des expériences vécues.

Voltaire y va d'un exemple macabre. «Qu'une chienne voie en passant un chien de la même mère déchiré en mille pièces et tout sanglant, elle en prendra un morceau sans concevoir la moindre pitié, et continuera son chemin; et cependant cette même chienne défendra son petit et mourra en combattant, plutôt que de souffrir qu'on le lui enlève.» «Au contraire, que l'homme le plus sauvage voie un joli enfant près d'être dévoré par quelque animal, il sentira malgré lui une inquiétude, une anxiété que la pitié fait naître, et un désir d'aller à son secours. Il est vrai que ce sentiment de pitié et de bienveillance est souvent étouffé par la fureur de l'amour-propre: aussi la nature sage ne devrait pas nous donner plus d'amour pour les autres que pour nous-mêmes; c'est déjà beaucoup que nous ayons cette bienveillance qui nous dispose à l'union avec les hommes»[5].

Dans cet exemple de Voltaire, la bienveillance prend la forme de la pitié ou de la compassion. Et il n'est personne qui, dans sa vie, si brève soit-elle, n'a pas eu mille fois l'occasion de se pencher sur quelqu'un pour lui venir en aide ou pour compatir à ses malheurs: maladie, pauvreté, accident, peine, etc. Pour ne point éprouver de pitié ou de compassion, il faut être à ce point malheureux qu'on ne puisse imaginer plus malheureux que soi: absorbé par sa propre souffrance, on ne voit pas celle des autres. N'éprouvent pas de pitié non plus ceux à qui la chance sourit si largement qu'ils se pensent à l'abri de tout malheur.

Rien d'étonnant si les gens se plaignent à peu près tout le temps. Après avoir répondu à la question rituelle: «Com-

---

5. Voltaire, *Mélanges*, Paris, Gallimard, coll. «Bibliothèque de la Pléiade» no 152, 1976, pp. 193-194

ment allez-vous?» par un «Très bien, merci» machinal, on commence à dérouler la bobine de ses malheurs. Ce n'est pas étonnant si les gens heureux n'ont pas d'histoire. Quel avantage, dites-le-moi, y a-t-il à dévoiler les faveurs dont la fortune nous comble? Ce sont des indiscrétions qui suscitent l'envie. Mais les gens aiment bien condescendre, se pencher, aussi est-il bien ancré dans les moeurs qu'il faut parler abondamment de ses malheurs.

1.2.1 Amour et amitié

«Nous vivons sur des notions vagues», écrit fort justement Paul Valéry[6]. L'amour et l'amitié n'échappent pas à cette loi de notre vie intellectuelle. Un récent débat télévisé nous a permis d'en prendre conscience. Essayons de préciser ces deux notions à partir de l'expérience que toute personne possède de ces deux sentiments.

Quand on demande: qu'est-ce que l'amour ou l'amitié? à moins d'avoir affaire à une personne qui a retenu des définitions apprises dans les livres, la réponse ne portera pas sur la nature, mais sur les effets de ces sentiments. Tout le monde connaît les effets de l'amour et de l'amitié. Ils sont suggérés par l'étymologie même de ces mots: *ama*, paraît-il, mot grec qui signifie ensemble.

L'amour tend à mettre ensemble les personnes et les choses. (Je n'ai pas inclus l'amitié, parce qu'il n'y a d'amitié véritable qu'entre les personnes.) Quand une personne adore les plantes, vous entrez dans sa maison comme dans une serre; si elle aime les animaux, elle entretient des chats, des chiens, des oiseaux. Si elle déteste le piment vert, vous n'en voyez jamais dans son assiette. Quand ce sont des personnes qui s'aiment, vous les voyez fréquemment ensem-

6. Paul Valéry, *Oeuvres*, Pléiade, tome I, p. 1041

ble; amarrées l'une à l'autre. Amarrer serait de la même famille qu'amour et amitié.

J'ai dit que l'amour tend à mettre ensemble, à unir les personnes et les choses, car il n'y parvient pas toujours. Il y en a peu dont la fortune est à la hauteur de leur amour de l'argent; le pouvoir se refuse à des soifs brûlantes; la renommée se fait arracher l'oreille; la personne aimée reste indifférente ou inaccessible. Ces échecs ne l'empêchent pas de tendre: c'est sa nature.

Poursuivons lentement notre route vers l'amitié en distinguant différents scénarios de l'amour. D'abord, on l'imagine à sens unique: une personne en aime une autre qui ne l'aime pas et elle en souffre vraisemblablement. On l'imagine ensuite réciproque: on aime et on est aimé. Mais une autre distinction s'impose. Dans un premier cas, on aime une personne comme on aime le vin ou les mets italiens; la personne qu'on aime de la sorte nous aime d'un amour de même qualité. Dans le second cas, l'amour réciproque est d'une autre nature: le bien de l'autre, l'intérêt de l'autre passe avant l'avantage personnel. Cet amour a porté pendant longtemps le nom d'amour de bienveillance; la bienveillance était alors un sentiment par lequel on voulait du bien à quelqu'un.

Le mot bienveillance a changé de signification. Le *Petit Larousse* en fait «une disposition favorable envers quelqu'un» et il ajoute: «indulgence». Quant au *Petit Robert*, il la perçoit lui aussi comme une disposition favorable envers une personne, mais une personne «inférieure (en âge, en mérite)». Courons au mot altruisme, auquel il nous renvoie: «disposition à s'intéresser, à se dévouer à autrui». C'est pas mal l'équivalent de la bienveillance d'avant le XVIIIe siècle.

C'est ce genre d'amour — qui fait passer l'intérêt de l'autre avant l'intérêt personnel — qui mérite le nom d'amitié. Du temps des Grecs jusqu'au XVIIIe siècle, l'amitié a été définie comme «un amour de bienveillance (pour nous, un amour altruiste) réciproque». L'amour altruiste des parents pour les enfants ne constitue pas nécessairement de l'amitié. Il y a amitié quand l'amour altruiste engendre un amour altruiste. Quand on aime une personne qui ne nous aime pas, on ne peut pas se dire son ami. Les personnes que j'inscris sur la liste de mes ami(e)s m'inscriraient sur la liste de leurs ami(e)s, sinon ce n'est pas de l'amitié mais de l'amour, même si cet amour est altruiste.

L'amour altruiste s'intéresse à autrui, se dévoue à autrui, mais il ne faut pas en conclure que c'est un amour désintéressé. Comme j'ai tenté de l'expliquer au chapitre IV de *L'anatomie d'une société saine*, le désintéressement n'est qu'une façon de dire qu'on s'intéresse à autre chose que le commun des mortels, qui s'intéresse aux biens matériels, au pouvoir, aux honneurs, à l'argent. L'amour altruiste n'est pas désintéressé, mais il fait passer l'intérêt de l'autre avant le sien ou en même temps. L'amour altruiste ne viole pas: il cherche à convaincre. C'est pourquoi on le situe au niveau de l'intelligence et de la volonté.

Ce n'est pas à dire qu'il exclut la passion. Il suffit qu'il la contrôle et l'empêche de violer. Quand saint Augustin dit que sans passions on ne peut pas vivre comme doivent vivre des êtres humains, il ne faut pas craindre d'appliquer ce principe à la vie amicale. Une amitié menacée par la passion est plus humaine qu'une amitié désincarnée. «Ni ange ni bête», comme dit Pascal[7].

Ces propos sur la bienveillance naturelle de l'être humain ne sont pas le fait de doux rêveurs: «Quand les hommes vivront d'amour»; ils sont le fait de scientifiques on ne

---

7. Pascal, *Pensées*, p. 197, no 358

peut plus rivés à la réalité. Écoutons l'un des plus prestigieux, René Dubos. Dans *Choisir d'être humain*, il écrit:

> Il faut être bien ignorant de l'histoire, aveugle ou de mauvaise foi, pour ne pas reconnaître que notre structure génétique nous permet tout aussi bien d'être généreux et créateur qu'agressif et destructeur[8].

Dubos apporte ensuite l'exemple de la tribu africaine des Iks pour montrer comment les circonstances de la vie peuvent favoriser la croissance de l'égoïsme et de la cruauté au détriment de la bienveillance naturelle et de la générosité, comme il arrive à l'ivraie d'étouffer le bon grain. Dans l'abondance, ils étaient «insouciants, gais et généreux». Chassés du paradis de leur chasse par le gouvernement ougandais et forcés de devenir agriculteurs sur des terres impropres à la culture et sans tradition agricole par surcroît, les Iks devinrent égoïstes et cruels. Et Dubos de conclure: «Ce n'est pas la première fois que l'altruisme a été mis en silence momentanément par l'instinct de conservation»[9].

Il y a un moment, l'autre nous est apparu comme une personne avec laquelle on échange des services; l'autre nous apparaît maintenant comme une personne avec laquelle on échange de l'amitié. Devenu inévitable, le débat sur l'amour et l'amitié est ouvert.

Quand La Bruyère avance que «l'amour et l'amitié s'excluent l'un l'autre», il faut introduire quelques distinctions pour lui donner raison. D'abord, l'amitié n'exclut pas l'amour altruiste dont nous avons parlé: elle est de l'amour altruiste. De la même manière, scalène n'exclut pas triangle: le scalène est un triangle. L'amitié n'exclut même pas

---

8. René Dubos, *Choisir d'être humain*, p. 74
9. *Ibid.*, p. 75

l'amour-passion, amour qui fait tomber dans les pommes. Il l'appelle plutôt. En effet, l'amour humain est d'autant plus humain qu'il mobilise davantage les ressources de l'être humain: intelligence, volonté, sensibilité, corps. Tout ce que l'amitié exige, c'est que la passion soit disciplinée.

Ces distinctions torpillent l'opinion qui veut qu'entre homme et femme seul l'amour soit possible. Que l'amour-passion soit prompt à s'allumer, d'accord, mais, de là à dire que tout se termine toujours par un viol, il y a une marge où l'amitié peut fleurir. On peut même dire que le mariage est le lieu par excellence de l'amitié. En effet, «entre amis tout est commun», selon les derniers mots du *Phèdre* de Platon. Or le mariage offre des possibilités de mise en commun tout à fait uniques.

1.2.2 Amitié et vie sociale

Dans la Grèce antique, où l'organisation politique était la cité — quelques dizaines de milliers de citoyens — le rôle de l'amitié était plus facile à comprendre. On croyait que l'amitié maintenait l'unité des cités, et les législateurs mettaient plus de soin à faire naître et à entretenir l'amitié entre les citoyens qu'à faire régner la justice. Aristote d'en donner la raison: «Amis, on n'a que faire de la justice; justes, on a encore besoin de l'amitié» [10].

Vous pensez comme moi au milliard de Chinois. À moins de vivre aussi longtemps que Mathusalem — 969 ans — et encore, aucun Chinois ne parviendra à reconnaître à vue les 999 999 999 autres, comme Aristote souhaitait que ce fût le cas pour les citoyens d'une cité grecque. Mais il ne faut pas capituler pour autant. Chaque maille d'une chaîne

10. Aristote, *Éthique à Nicomaque*, trad, Gauthier et Jolif, Louvain, P.U.L., Paris Béatrice-Nauwelaerts, 1970, p. 213

ne retient que la suivante. Pourtant, la chaîne est quand même unifiée et solide. Si l'amitié unit les citoyens de chaque village, de chaque petite ville et de chaque quartier ou de chaque rue des grandes villes, ce sera suffisant.

Il serait facile de mitrailler le lecteur de textes sur l'importance de l'amitié dans la société. Je m'en tiendrai à un seul autre: «L'intention principale du législateur doit être de susciter de l'amitié entre les citoyens»[11]. Ce texte nous vient du Moyen Âge. Vraiment, «on n'est plus au Moyen Âge», c'est le cas de le dire. Bref, le législateur doit éviter avec le plus grand soin tout ce qui soulève les citoyens les uns contre les autres: la population contre les fonctionnaires ou contre les enseignants, le privé contre le public, les travailleurs contre les patrons, les contribuables contre les chômeurs, etc.

Vous me concéderez que c'est merveilleux l'amitié entre les citoyens, mais par quels moyens la susciter? Les Anciens, qui croyaient tellement en l'amitié, en ont suggéré pour leur temps. Leurs recettes ne sont peut-être plus valables, mais elles peuvent au moins stimuler notre imagination engourdie. Évoquons-en une couple.

Commentant la loi ancienne des Juifs, Thomas d'Aquin fait remarquer qu'elle s'ingéniait à ce que les citoyens se viennent en aide dans leurs nécessités parce que «c'est le meilleur moyen de susciter l'amitié»[12]. De nos jours, c'est au gouvernement qu'on s'adresse dans les nécessités. La Beauce fait exception: on y efface encore en quelques jours de corvée les traces d'une catastrophe. Il y a cinquante ans, le Québec tout entier était une Beauce: la corvée faisait partie de la vie quotidienne, et elle tissait de solides liens.

---

11. Thomas d'Aquin, *Somme théologique*, II-II, q. 29, art 3, sol. 4

12. Thomas d'Aquin, *Somme théologique*, I-II, q. 105, art. 2, sol. 4

Quand j'ai besoin de mes voisins pour scier le bois, battre le grain, faire boucherie, et qu'ils auront besoin de moi pour les mêmes travaux, on serait bête de s'envoyer au diable et de se traîner devant les tribunaux. Équipé de tracteurs, de moissonneuses-batteuses, de presses à foin et d'autres machines sophistiquées, on le fait, mais on n'est pas tellement moins bête.

À son époque — le XIIe siècle — Abélard prétendait que ce qui rapproche le plus les humains, c'est «le mariage et la nourriture prise en commun»[13]. Le mariage! Vous vous étonnez avec raison: maintenant que le divorce est devenu un sacrement (réponse d'un jeune à son aumônier désireux de savoir si ses confirmands connaissaient les sept sacrements), on ne voit plus tellement de lien entre le mariage et l'amitié des citoyens. Au temps d'Abélard, on pratiquait les mariages dits politiques: au lieu d'arroser de sang les champs de bataille, on s'arrosait le gosier de bon vin en l'honneur des nouveaux époux.

Complétant la pensée d'Abélard, son aîné d'un siècle, Thomas d'Aquin demande aux législateurs de favoriser les mariages entre étrangers[14]. (Vous voyez ça maintenant: une prime de cinq cent dollars à celui qui épouse une étrangère et à celle qui épouse un étranger...) Il ne s'agit plus de mariages politiques, mais bien de mariages d'amour. Mais nous, nous avons tellement d'autres occasions de regarder les étrangers et les étrangères «droit dans les yeux»[15] que nous ne pensons plus au mariage comme moyen de les aimer un peu plus. Nous avons le tourisme, le sport (les jeux olympiques...), les études à l'étranger, etc.

---

13. Abélard, *Dialogue entre un philosophe, un juif et un chrétien*, dans *Oeuvres choisies*, Paris, Aubier, 1945, p. 232
14. Thomas d'Aquin, *Somme contre les Gentils*, III, ch. 125
15. Antoine de Saint-Exupéry, *Oeuvres*, Pléiade, p. 607

Quand Abélard affirme du même souffle que la nourriture prise en commun fait naître l'amitié, ne pensez pas au hot-dog avalé tout rond au comptoir d'un snack-bar. Les deux verbes par lesquels le latin décrivait alors l'amitié, c'était *convivere* et *conversari*: vivre avec, fréquenter assidûment, s'entretenir à l'aide du même langage et manger le même pain. Parler de pain ou d'aliment, c'est évoquer le foyer, le feu. Pour nous, le feu, c'est ce qui réchauffe, mais ailleurs, le feu, c'est ce qui sert à préparer l'aliment. Et l'aliment réunit autour de la table les personnes que les tâches quotidiennes avaient dispersées. L'amitié a besoin, en second lieu, d'un langage commun. Saint Augustin a, à ce sujet, un mot qui en dit long: «Un homme préfère la compagnie de son chien à celle d'un autre homme ne parlant pas la même langue»[16].

2. L'autorité: pouvoir et service

La vieille distinction entre autorité et pouvoir est toujours d'actualité. Pour la mettre en évidence, il suffit de faire appel à l'expérience la plus rudimentaire. Un peuple peut se choisir un gouvernement et constater par la suite que ce gouvernement n'a pas de pouvoir, qu'il est inefficace, son action étant entravée par des forces qui lui font échec: finance, maffia, pour ne nommer que celles-là. On dira de ce gouvernement qu'il détient l'autorité, mais qu'il n'a pas le pouvoir.

L'autorité, c'est la légitimité en matière de gouvernement; c'est le droit d'occuper le poste du chef; le pouvoir, c'est l'efficacité, c'est la force, c'est l'influence. Normalement, autorité et pouvoir ne devraient pas être des réalités

---

16. S. Augustin, *La Cité de Dieu*, dans *Oeuvres complètes*, Paris, Vivès, 1973, tome XXIV, L. XIX, ch. VII, p. 501

distinctes, mais deux aspects d'une même réalité. Un gouvernement normal devrait détenir à la fois l'autorité en vertu de sa légitimité et le pouvoir d'assurer le bonheur des citoyens, sinon il est un berger qui regarde, impuissant, les loups égorger ses moutons.

2.1 La nécessité du pouvoir politique

Tous les pays du monde ont un chef, qui porte le nom de reine, de roi, de président, de première ou de premier ministre, de sultan, de cheik, etc. Si c'était là un petit luxe inutile, il semble bien que certains pays plus avant-gardistes auraient aboli la fonction. Pour ceux qui l'accusent de tous les maux, le pouvoir semble donc un mal nécessaire, comme la mort, qui moissonne les vieilles carcasses et les expédie au grand recyclage de la nature. D'ailleurs, les anarchistes mêmes se donnent des chefs.

Beaucoup d'auteurs laissent l'impression qu'il faut faire appel à un vice de l'être humain pour fonder la nécessité du pouvoir. Dans *Les Lois*, par exemple, Platon écrit: «La mortelle nature poussera constamment l'homme à la convoitise du plus avoir et à l'activité égoïste»[17]. Pour qu'une telle bande d'égoïstes oublient un peu leur intérêt personnel et collaborent à une oeuvre commune, un chef doit les y contraindre.

Kant — c'est le seul autre que je vais citer — reconnaît à l'être humain un «caractère d'insociabilité qui le pousse à vouloir tout diriger dans son sens»[18]. La conclusion est la même: pour que ces fauves tirent tous ensemble dans le sens du bien commun, un chef doit les retenir dans un har-

---

17. Platon, *Oeuvres complètes*, Pléiade, tome II, *Les Lois*, IX, 875, b. p. 990

18. Kant, *La philosophie de l'histoire*, Paris, Gonthier, coll. «Médiations» no 33, 1965, p. 31

nais de lois et faire claquer de temps en temps le fouet sur le dos des plus récalcitrants.

Cependant, il n'est pas nécessaire de faire appel à nos vices pour fonder la nécessité du pouvoir politique, et de tout pouvoir. Il y a dans la société civile, une pluralité d'organismes qui en exige l'instauration. Cette pluralité suffit; point n'est besoin qu'elle soit corrompue.

La société, telle que nous la connaissons et telle qu'elle existe depuis des temps immémoriaux, est essentiellement un lieu où l'on échange des services, comme il a été dit: service du facteur, service du médecin, service du pompier, service de l'enseignant, service de l'ingénieur, service de l'éboueur, service de l'avocat, service de l'ambulancier, etc.

Ces innombrables services, qui constituent le bien commun, ne s'harmonisent pas spontanément, même si vous supposez la meilleure bonne volonté du monde chez les responsables de chaque service. En effet, il est normal que les préposés à chaque service veuillent améliorer leurs conditions de travail et la qualité du service qu'ils rendent. Mais il est rare que cela se fasse à force d'imagination, d'intelligence, de dévouement. À tort ou à raison, les améliorations vont coûter des millions.

Comme les millions sont comptés, les désirs d'ordinaire légitimes d'améliorer les services et les conditions de travail sont habituellement frustrés. Si le ministre des Finances comblait les désirs exprimés dans tous les projets de conventions collectives, son budget gonflerait encore plus que la grenouille de la fable. La courbe de croissance des frais médicaux est telle que si l'allure se maintient, dans quelques décennies, tout le budget y passera.

Pourtant, ceux qui oeuvrent dans ce service ne se trouvent pas choyés, d'une part; d'autre part, on ne peut douter de leur bonne volonté. Et il en est ainsi dans tous les autres services. Les recteurs d'université sont aux abois: le cerveau de la nation manque d'oxygène... Les artistes sont dégoûtés: l'art mendie pendant que le sport multiplie les millionnaires. La santé n'a pas de prix, évidemment; l'éducation, presque pas. Quelqu'un doit trancher dans toutes ces bonnes volontés. Ce quelqu'un, c'est le pouvoir politique, responsable du bien commun et chargé de réaliser l'harmonie de tous ces services.

2.2 La participation comme manière d'exercer le pouvoir

Qu'un gouvernement soit nécessaire à une société, comme est nécessaire la tête à un animal, c'est une chose; que ce gouvernement soit bien exercé, c'en est une tout autre. Parler du pouvoir comme d'un service, c'est une mauvaise farce si l'on considère la réalité. La majorité des peuples de la terre vivent dans la terreur; ils tremblent devant leurs prétendus serviteurs. Quelque chose ne tourne pas rond quand tout le monde, ou presque, craint, flatte, rampe et se tait.

On est aux antipodes du pouvoir service. À peu près partout, c'est le pouvoir self-service; le pouvoir qui soigne ses intérêts personnels, les intérêts du parti avant ceux des gens sur lesquels il règne. L'histoire du pouvoir, c'est l'histoire des abus du pouvoir. Le remède ne consiste pas à supprimer le pouvoir: c'est impossible. Le remède va consister à organiser le pouvoir autrement qu'il ne l'est présentement; il va consister à le partager. La participation au gouvernement de tout groupe auquel on appartient doit être vécue comme un droit inaliénable.

Ce droit à la participation, il faut le revendiquer, car ceux qui détiennent le pouvoir ne sont pas enclins à le distribuer comme on distribue des conseils. «La politique est l'art d'empêcher les gens de se mêler de ce qui les regarde», écrit cyniquement Paul Valéry dans *Rhumbs*[19]. Cette parole ne s'applique pas seulement à la grande politique, mais à la petite aussi.

2.2.1 Les fondements du droit à la participation

Fonder le droit à la participation, c'est le justifier, c'est en déterrer les racines. J'en aperçois immédiatement deux qui affleurent: 1) la responsabilité de l'être humain; 2) le fait que la société soit un instrument, un moyen en vue d'une fin à laquelle elle doit servir.

• La responsabilité de l'être humain

Au niveau de l'étymologie, on trouve un verbe latin, *respondere*, qui signifie répondre, et l'on est tenté de définir l'être responsable comme étant celui qui pourra éventuellement avoir à répondre de ses actes devant une autorité quelconque. Mais cette responsabilité est une conséquence d'une autre responsabilité, antérieure et plus profonde. Voyons-le d'abord dans quelques exemples.

Le pommier qui n'a pas produit de pommes n'aura pas à répondre de sa stérilité devant le pomiculteur, ni de son vandalisme devant son gardien le dément qui casse les meubles. On dit fort justement d'eux qu'ils ne sont pas responsables, c'est-à-dire qu'ils n'ont pas la maîtrise de leurs actes. Le pommier se couvre de fruits comme le fer se couvre de rouille. Aucune maîtrise, aucun contrôle à ce niveau.

À ceux qui semblent avoir leur vie bien en main, on confie des responsabilités. La formule est bien connue. On ne confie pas aux vents, aux courants et aux marées le navire

---

19. Paul Valéry, *Oeuvres*, tome II, p. 615

qui doit entrer à tel port, tel jour et à telle heure: on le confie à un vieux loup de mer. Avoir la responsabilité d'un secteur, c'est s'engager à être l'auteur des événements qui s'y produiront. Les événements ne s'y produiront pas par hasard ni par la volonté des autres; ils s'y produiront selon un plan que l'on aura soi-même déterminé, que l'on modifiera au besoin, mais toujours soi-même. Le contraire d'être l'auteur d'un événement, c'est de le subir. Subir, c'est le verbe consacré pour exprimer toutes les pertes de contrôle: on subit une défaite, une peine, un joug, une loi, etc. «L'agir et le subir» constituent l'un des couples les plus célèbres.

L'être responsable, c'est d'abord l'être qui est maître ou auteur de ses actes, qui contrôle ses actes et les événements; puis, parce qu'il en est maître, il lui arrive d'avoir à en répondre. L'obligation d'en répondre à l'occasion ne constitue pas sa responsabilité première: elle en est une conséquence. Seul sur son île, Robinson Crusoé n'en demeure pas moins un être responsable. Cependant, personne ne lui demande jamais de répondre de ses actes.

Il s'ensuit que l'organisation sociale doit tenir compte de la nature responsable du citoyen comme on tient compte de la nature de toute chose. On ne badine pas avec le cancer: on sait qu'il a un caractère difficile; on manipule délicatement la nitro-glycérine: on sait qu'elle est violente; on n'oublie jamais que le lion apprivoisé est toujours un lion.

Le citoyen, comme le feu, comme le lion, a sa nature, qui le fait intelligent, libre et responsable. Tout gouvernement qui ne respecte pas cette nature est mauvais. Le citoyen sait bien qu'il n'est pas une pelle mécanique. Si cette dernière saccage, c'est à l'opérateur que l'on demande des comptes.

Dispensée de rendre des comptes, la machine n'a cure de la manière dont on la programme. Si elle joue mal aux échecs, c'est la faute du programmeur. Au contraire de la machine, le citoyen est toujours tenu responsable de ce qu'il fait, quels que soient les ordres qui le programment.

C'est pourquoi il est le plus normal du monde qu'un citoyen fasse partie de l'équipe de programmation de son pays, qu'il participe à l'élaboration des décisions dont il portera finalement le poids. S'il y renonce, c'est de lui-même qu'il rejoint les pelles mécaniques, les brouettes et les pioches.

• La société, un instrument

Le droit à la participation découle de la notion de société comme instrument. Toute société (commerciale, savante, artistique, etc.) se forme en vue d'atteindre des objectifs inaccessibles à l'individu isolé. Se former en société devient alors un moyen que l'on se donne. Arrêtons-nous un instant au petit mot moyen que l'usage — on pourrait dire l'abus — a rendu insignifiant. Il dérive du latin *medianus*, qui est au milieu, c'est-à-dire entre le chasseur et l'orignal, entre l'oeil et la lune, entre la main et la feuille de papier.

La carabine, le télescope, le stylo, la société civile sont des moyens. On abat l'orignal au moyen d'une carabine; on scrute la lune au moyen d'un télescope; on écrit au moyen d'un stylo; on atteint, au moyen de la société civile, un niveau de vie hors de la portée de l'individu isolé. Le langage courant considère comme synonymes les mots moyen, instrument, outil. Le registre des moyens s'étend de l'autobus à la métaphore, c'est-à-dire du moyen de transport au moyen d'expression.

Toute proportion gardée, la société devrait être, dans les mains du citoyen, ce que le fusil est dans les mains du chasseur, le bistouri dans les mains du chirurgien, la scie dans les mains du menuisier. C'est le chasseur qui pointe la carabine sur le gibier; c'est le chirurgien qui conduit le bistouri; c'est le menuisier qui abat le marteau sur la tête du clou.

Quand on dit que la société devrait être un moyen ou un instrument entre les mains du citoyen, ce sont des exemples de ce genre qui dissipent le brouillard. La notion d'une société instrument reste vague tant qu'on ne l'a pas abaissée jusqu'au fusil du chasseur et à la scie du menuisier.

Si le moyen ne convient plus, on l'abandonne ou on le transforme. C'est pourquoi on n'est pas suffisamment précis quand on assigne pour mission à l'école de préparer des citoyens pour la société. Autant dire qu'on prépare le pied pour le soulier... L'école doit davantage se préoccuper de la société afin qu'elle devienne un milieu favorable à la croissance d'êtres humains.

Mais si le citoyen n'est pas vigilant, il sera bientôt dévoré par l'instrument de son développement. Cette attitude semble méfiante, mais les pouvoirs ont eux-mêmes constitué leur dossier. «Par le peuple, avec le peuple, pour le peuple», clame-t-on, pendant les campagnes électorales, là où il y en a, mais l'équipe mise en place par le peuple manoeuvre ensuite pour elle-même et contre le peuple, dans certains cas, ou, ce qui est courant, sans le peuple. La seule manière de contrôler cet instrument, c'est de participer aux décisions qui s'y prennent.

2.2.2 Les modes de participation

Les modes de participation, ce sont, si l'on remonte à la racine latine du mot, les mesures de participation, qui sont devenues les manières. Tout le monde ne participe pas ni ne participera jamais dans la même mesure ou de la même manière: l'un participe plus, l'autre moins; l'un participe d'une manière, l'autre d'une autre. On peut distinguer bien des manières ou modes de participation. Du point de vue où je me place, j'en vois trois: la participation de l'oeil, celle de la main et celle de l'intelligence.

La première est à proscrire; c'est la participation du simple spectateur. Il arrive à la seconde d'être exaltante. La troisième l'est toujours; elle l'est de soi; rendons-la possible. Qui accède à la troisième forme ne renie pas la seconde, car il est nécessaire que l'intelligence s'appuie sur la main.

• La participation de l'oeil

La participation de l'oeil, ou du spectateur, est la plus mince de toutes. Dans nombre de cas, l'essentiel échappe à l'oeil le plus vif. Nous posons quantité d'actions auxquelles le spectateur ne comprend rien, qu'il trouve même ridicules. Les comprennent qui les posent. Alain donne l'exemple de la danse. «Il n'y a rien de plus niais, au dehors et au dedans, que celui qui regarde danser»[20]. Quand il dit, à la page suivante, que «le costume porte l'homme», ne demandez pas aux nudistes de vous expliquer.

Quand il s'agit du gouvernement d'un pays, qui sont les spectateurs? D'un certain point de vue, chaque citoyen est spectateur à ses heures. Les médecins exercent leur profession sous les regards de toute la population. Il en est ainsi des enseignants, des policiers, des artistes, des sportifs. Le médecin, spectateur de l'enseignant, porte un jugement sur la performance de ce dernier. L'enseignant, spectateur du politicien, le juge à son tour. Et il en est ainsi de chaque métier pour tous les autres. Que valent ces jugements de spectateurs? Ils valent ce que valent les jugements de spectateurs: pas grand-chose... Et il n'y a rien à faire: on ne peut

---

20. Alain, *Système des beaux-arts*, 30e édition, Paris, Gallimard, 1926, p. 64

pas demander à chaque citoyen d'exercer tous les métiers afin de comprendre pourquoi l'autre se plaint. En devenant échange de services, la société a engendré cette situation.

La plupart des citoyens ne sont spectateurs qu'à certaines heures; d'autres le sont toujours: ce sont les assistés sociaux et les chômeurs. Spectateurs de la société à laquelle ils voudraient bien offrir un service. «L'homme est un animal fier et difficile», écrit Alain dans ses *Propos sur l'éducation*[21]. Il n'y a personne qui accepte sans humiliation de recevoir sa pitance d'une société à laquelle il ne peut rien apporter.

• La participation de la main

La participation de la main, c'est la participation sur le plan de l'exécution. Ce n'est pas un créateur, dit-on avec une pointe de mépris, c'est un simple exécutant. Espèce en voie de disparition? La réponse exige des nuances. On ne franchira jamais les rivières sur les plans des ponts; on ne guérira jamais ses maux de tête avec la formule chimique des comprimés. Tout cela doit être exécuté, réalisé, mais comme il convient à des êtres humains, non à des pioches.

Ceci dit, deux espèces d'exécutants doivent disparaître. D'abord, celle qui ne participe pas aux décisions qu'elle exécute. Un être humain est toujours responsable des actes qu'il pose. La personne qui commande a beau dire qu'elle prend sur elle toute la responsabilité, elle n'en prélève pas une miette: la responsabilité demeure où la nature l'a placée. Eh bien, un être à ce point responsable de ses actes doit chercher à contrôler les décisions qu'il aura à exécuter. Quand l'ordre est donné, il est souvent trop tard.

---

21. Alain, *Propos sur l'éducation*, Paris, P.U.F., 1954, p. 8

La deuxième espèce d'exécutants qui doit disparaître, c'est celle qui exécute des choses que les robots font mieux qu'elle, plus rapidement et à moins de frais. Le robot travaille à la noirceur, au froid et nu. L'immense majorité des exécutants actuels sera remplacée par la machine virtuellement libératrice. Je dis «virtuellement libératrice», car la machine peut faire et fait effectivement des esclaves.

• La participation de l'intelligence

Établir les politiques, élaborer les plans, imaginer les solutions, c'est la part essentiellement humaine de l'art de gouverner. Sur ce plan, il existe deux manières de participer: la consultation et la décision.

La consultation est un seuil au sens moderne du terme. Teilhard de Chardin nous a familiarisés avec le pas de la vie et avec le pas de la pensée. On peut imaginer un pas de la participation. L'exécution, dont nous venons de parler, nous conduit au seuil de la participation vraiment humaine, que l'on franchit par le pas de la consultation.

La consultation est le commencement de la participation digne d'un être humain. Aucune personne intelligente, libre et responsable ne tolère qu'on prenne sans la consulter des décisions qui la concernent. Sans les consulter, on charge les bêtes de somme, et encore on consulte leurs muscles.

Il appartient maintenant à la technique de mettre au point les moyens de recueillir en quelques minutes l'opinion de tout un peuple. Nous serions disposés à attendre même quelques heures... La technique est capable de nous fournir cet instrument si elle déploie autant d'imagination pour rejoindre les Gaspésiens et les Côtenordiens qu'elle en a déployé pour rejoindre les astres.

Le pas de la consultation n'essouffle que les cardiaques de la participation. Les autres veulent reprendre la route. Pourquoi? ils sont loin d'être sûrs qu'il sera fait bon usage, voire simplement usage des opinions émises au moment de la consultation. Aussi veulent-ils accompagner leurs opinions jusqu'à la décision.

Rien de plus normal pour un être responsable, inaliénablement responsable, responsable même dans la soumission aux ordres, que de vouloir participer aux décisions dont il portera le poids. Tous ceux qui ont l'échine non pas raide mais droite réclament donc pour chacun le droit de se prononcer sur toute décision qui le concerne. C'est pourquoi, chaque fois que la démocratie directe est déjà possible, il faut la pratiquer, en dépit des inconvénients qu'elle comporte. L'autre façon de gouverner en comporte également quelques-uns, n'est-ce-pas? Si la majorité des bénéficiaires d'une mesure ne sont pas à même d'en apprécier le bien-fondé, qu'on en retarde l'application: il ne faut faire à personne le bien dont il ne veut pas. Monsieur Seguin n'a même pas réussi avec sa chèvre.

L'objection est toujours la même: le peuple n'a pas ce qu'il faut — gardons-nous de préciser — pour prendre les décisions qui le concernent. Si la société civile était une société savante, je serais d'accord, mais la société civile n'est pas une société savante: elle est un instrument de bonheur. Eh bien, n'importe qui sait un peu de quoi est fait le bonheur humain: de paix, d'air pur, d'eau propre, de travail qui ne menace pas la santé, d'un peu d'instruction, d'art, d'amour, d'amitié.

Peut-on imaginer un peuple qui se désignerait un chef à vie? qui s'interdirait de franchir ses frontières? qui permettrait à son gouvernement de fabriquer des armes nucléaires et des armes chimiques? qui ouvrirait des écoles de torture?

Non, on n'imagine pas ça. Pourtant, les gens raffinés qui gouvernent les pays du monde le font. Et l'on continue de dire que le peuple n'est pas en mesure de participer aux décisions qui le concernent...

2.2.3 Les fruits de la participation

La participation contribue au bon fonctionnement d'une société en étant génératrice de justice, d'ordre et d'efficacité. Utopique? non: plein de gros bon sens.

• La justice

Que certains citoyens *donnent* leurs services quand d'autres les vendent à prix d'or, voilà le vice qui ronge la racine même de la vie en société, qui est, répétons-le, essentiellement échange de services. D'ordinaire, les services les plus nécessaires et les plus pénibles sont les moins rémunérés. Comment donc la participation peut-elle remédier à cette situation?

Pour le moment, nous sommes encore au stade de la participation cloisonnée: on cherche toujours à intéresser tous les cultivateurs aux problèmes des cultivateurs, tous les enseignants aux problèmes des enseignants, tous les étudiants aux problèmes des étudiants. Ce n'est déjà pas facile: chacun n'a de solutions que pour les problèmes des autres...

Une fois ce stade franchi, les cloisons de la participation devront tomber. Ce jour-là, l'éboueur mettra sa main au plat en même temps que le médecin spécialiste. Au début, ce geste paraîtra sacrilège, comme celui de Judas à la Cène. Mais l'habitude, ici encore, deviendra une seconde nature. Et nos descendants se demanderont, stupéfaits, quelles étranges brutes nous étions. «Dans cent ans, écrit

Soljénitsyne, on se moquera de nous, comme de sauvages»[22].

Insistons sur cette idée. Imaginez, autour d'une même table, discutant de la part qui leur revient du bien commun, un éboueur, une téléphoniste, un caissier, une électricienne, un enseignant, une avocate, un médecin, un chômeur, un assisté social. Il serait gênant de refuser cinquante mille ou davantage quand un vis-à-vis se bat désespérément pour obtenir quinze, dix-huit ou vingt mille.

Il va sans dire que les écarts entre les revenus diminueraient. Comme le peuple va rarement aux extrêmes, il y a lieu de croire que seuls disparaîtraient les écarts excessifs. Car le dernier, désirant devenir au moins l'avant-dernier, songerait à se ménager un avantage précuniaire à s'y hisser.

Que faites-vous de l'avantage d'attirer par un bon salaire les meilleurs candidats? Les meilleurs médecins ne sont probablement pas ceux qui ont embrassé la profession parce qu'elle était rémunératrice. Les meilleurs PDG ne sont pas ceux qui ont accepté le poste parce qu'il commandait un bon salaire.

• L'ordre

Ordre est un mot mal famé. Des expressions comme les forces de l'ordre, les gardiens de l'ordre ne sont pas de nature à hâter sa réhabilitation. On ne bat pas l'oiseau pour qu'il fasse son nid; on n'ancre pas le poisson dans l'eau; on oblige l'enfant à fréquenter l'école, on ne l'oblige pas à jouer. Tout cela se fait naturellement, spontanément.

---

22. Alexandre Soljénitsyne, *Le pavillon des cancéreux*, Paris, Julliard, coll. «Le Livre de Poche» no 2765, 1968, p. 115

Mal famé tant qu'on voudra, l'ordre est nécessaire pour qu'une société fonctionne. Et les plus féroces adversaires de «l'ordre établi» ne s'opposent pas à tout ordre, mais à l'ordre seulement qui se maintient grâce aux rudes offices de ses forces. Leur anarchisme, c'est non point un désordre, mais un autre ordre, que les citoyens accepteraient.

Eh bien, tout groupe soumis à la loi de la participation est spontanément en ordre. L'un des traits de la nature humaine, c'est de s'aimer soi-même par-dessus tout et d'aimer d'un semblable amour tout ce qui vient d'elle. «Le corbeau trouve ses petits charmants et la vue du jeune singe enchante ses parents», écrit Thomas More[23]. Ainsi, l'ordre le plus grimaçant, s'il est mien, je l'aime et le défends.

Le petit corbeau de règlement que j'ai couvé de ma précieuse chaleur porte à mes yeux la chatoyante livrée du paon. Plus donc il y avait de gens pour voter en faveur de la mesure adoptée, plus cette mesure aura de défenseurs. Par contre, la mesure qui tombe d'en haut est toujours suspecte. L'histoire justifie cette méfiance.

• L'efficacité

Quand on a décidé majoritairement, en pleine connaissance de cause, de lever un impôt pour créer un nouveau service, on serait malvenu de délier en rechignant les cordons de sa bourse. Ce qu'on décide librement et dans son intérêt, on l'exécute avec entrain. La nature humaine est ainsi faite: on exécute les ordres en se traînant les pieds, pendant toute la journée, et, le soir venu, on court ses cinq kilomètres.

---

23. Thomas More, *L'Utopie*, trad. Marie Delcourt, Renaissance du Livre, 1966, p. 16

Dans son traité *Du gouvernement*, Thomas d'Aquin souligne ce grand trait de la psychologie du subalterne: «Les petits services exigés par les rois sont plus lourds à porter que de grandes charges imposées par l'ensemble des citoyens»[24].

Par la participation, les citoyens se commandent vraiment à eux-mêmes. S'ils étaient d'accord avec la décision prise, cela ne fait aucun doute. Et c'est vrai, jusqu'à un certain point, même pour la minorité qui était en désaccord. Personne ne peut dire: «Le chef, c'est moi.» Mais chacun peut dire que le groupe, c'est lui, en tant qu'il en est un membre.

La participation aux décisions qui le concernent m'apparaît comme un droit absolu de tout être humain, c'est-à-dire susceptible d'être inséré dans une charte des droits de la personne. Ce droit est fondé sur la nature responsable de l'être humain et sur le rôle d'instrument que doit jouer la société. Les promesses de justice, d'ordre et d'efficacité que la participation fait miroiter sont séduisantes.

Mais la route de la participation directe aux décisions sera longue, semée de tous les détenteurs de pouvoir comme d'autant d'obstacles. En effet, le désir du pouvoir n'étant pas étranger à l'abus qu'on veut en faire, une fois qu'on y est installé, moins la base s'en mêle, plus vite on atteindra ses objectifs. «Perte de temps, la participation», me disait un détenteur de pouvoir, plus soucieux, comme la plupart, de réaliser son plan que de s'enquérir de celui de ses électeurs.

Tout le monde déplore, présentement, qu'une grève puisse être déclenchée avec l'appui de trente pour cent des

---

24. Thomas d'Aquin, *Du gouvernement royal*, trad. Claude Roguet, Paris, Éditions de la Gazette française, 1926, pp. 30-31

effectifs totaux d'un syndicat; que le pouvoir suprême puisse être pris avec le même pourcentage. La montagne des absents semble difficile à déplacer, mais la technique peut aller à elle. Dans un avenir prévisible, les gens voteront sans avoir à franchir le seuil de leur porte.

3. Les lois

Les lois n'ont pas tellement bonne réputation. Plusieurs expressions courantes trahissent leur caractère importun: force de la loi; au nom de la loi; la loi et l'ordre; la loi est dure, mais c'est la loi; faire respecter la loi, etc. En voyant qu'elles sont nécessaires, on efface quelques rides à leur visage austère.

3.1 La nécessité des lois

Ubi societas, ibi lex, disent les juristes: où il y a société, il y a loi, comme il y a trompe où il y a éléphant. Se constituer en société et se donner des lois ou des règlements, ce sont deux mouvements d'un même temps. Pour qu'un groupe, si rudimentaire soit-il, fonctionne bien, les membres se donnent des règles et s'engagent à les respecter.

Les lois sont nécessaires parce que les meilleures intentions du monde ne suffisent pas pour qu'une société fonctionne bien. Imaginez qu'il n'y ait pas de loi de l'impôt; qu'on dise aux citoyens: nous offrons cette liste de services; ils coûtent tant; donnez ce qui vous semble raisonnable. Personne ne doute que le ministre des Finances ne joindrait jamais les deux bouts. Pour remédier à la situation, on élabore une loi, qui a des yeux de lynx, on l'assortit de sanctions sévères et on fait la chasse à ceux qui essaient d'y échapper.

La nécessité des lois apparaîtrait à l'examen de n'importe quelle loi qui a sa raison d'être. Abandonnez le poisson à la passion des pêcheurs, et les lacs seront bientôt vides; faites de même pour le gibier, et la forêt ne comptera bientôt plus que des arbres. Le poisson peut être le travailleur: sans la loi du salaire minimum et quelques autres lois, il mènerait une existence précaire.

De telles considérations n'engendrent probablement pas l'amour de la loi. D'ailleurs, est-ce nécessaire? Ne suffit-il pas qu'on la respecte?

3.2 L'imperfection des lois

Il existe des lois injustes; tout le monde en convient, même le législateur, parfois. Il faut chercher à les faire abroger ou amender. À la limite, on y désobéit. Ces lois ne sont pas imparfaites; elles sont mauvaises. Ce n'est pas d'elles qu'il s'agit ici, mais des bonnes lois. Ce sont elles qui sont imparfaites.

Une première imperfection vient du fait que le législateur est incapable de prévoir tous les cas qui vont se présenter. Dans le domaine de l'action concrète, la variété tient de l'infini. Montaigne parle de «l'infinie diversité des actions humaines» en face de laquelle «cent mille lois» n'ont aucune proportion[25]. On a l'impression que nos législateurs essaient de cerner l'infini: en 1980, par exemple, ils nous ont fricoté cinq cent quatre-vingt-dix-huit pages de lois et sept mille cinq cents pages de règlements... Pourtant, nul n'est censé ignorer la loi, ni les règlements.

À supposer qu'un législateur ait l'esprit assez pénétrant pour apercevoir, du haut de son génie, tous les cas qui vont se présenter dans l'avenir, la sagesse lui suggérerait de ne pas les inclure tous dans les lois afin d'éviter le pro-

25. Montaigne, *Les Essais*, Paris, Gallimard et Librairie Générale Française, coll. «Le Livre de Poche» nos 1397-1398, tome III, L. III, ch. XIII, p. 309

blème inhérent à des lois trop nombreuses. Les problèmes plutôt: les citoyens ignorent les lois, les infractions ne peuvent être punies. Et Descartes d'avertir, du sommet du XVIIe siècle: «Un État est bien mieux réglé lorsque, n'en (des lois) ayant que fort peu, elles y sont fort étroitement observées»[26]. Une expérience pourrait être tentée avec le code de la route.

Une seconde imperfection vient du fait que les législateurs mettent des décennies à réviser une loi désuète. Dans ses lois, le citoyen ressemble à un enfant dont le costume n'a pas grandi avec lui. Cette lenteur dans la mise à jour a quand même un rôle bénéfique. En effet, des lois en continuelle révision ne seraient pas prises au sérieux. L'expérience est là pour le prouver. Jean-Jacques Rousseau l'a formulé comme suit: «C'est surtout la grande antiquité des lois qui les rend saintes et vénérables; le peuple méprise bientôt celles qu'il voit changer tous les jours»[27].

Ces imperfections ou lacunes des lois vont soulever des problèmes, cela va de soi: tel cas n'a pas été prévu, tel cas quoique prévu n'a pas été inclus dans la loi, telle loi vieillotte épouse mal la réalité. Que faire? Une qualité, dont nous allons maintenant parler, a été cultivée à cette fin.

3.3 L'équité, remède à l'imperfection des lois

La qualité qui habilite à discerner les cas où la loi ne doit pas être appliquée à la lettre occupe depuis fort longtemps une place importante en philosophie du droit; plus importante que dans la vie quotidienne. Nous avons telle-

---

26. Descartes, *Discours de la méthode*, Montréal, Variétés, 1946, p. 30

27. Jean-Jacques Rousseau, *Discours sur l'inégalité parmi les hommes*, dans *Du contrat social/Discours*, Paris, Union Générale d'Éditions, coll. 10-18, nos 89-90, 1963, p. 237

ment peur de faire des exceptions que nous traitons également l'inégal. Justice de distributrice automatique.

La qualité en question porte le nom d'équité. Pour la plupart des gens — faites-en l'expérience — l'équité, c'est de la justice, rien de plus. Mais les dictionnaires permettent à ceux qui les consultent d'apprendre en deux lignes le rôle de l'équité: trancher en s'appuyant davantage sur le droit naturel que sur la lettre de la loi, dit mon *Petit Larousse*. Il aurait pu omettre carrément le comparatif plus. Car l'équité ne s'occupe pas de la lettre de la loi.

Chacun de nous a vécu de ces situations où, en observant la lettre de la loi, il aurait raté le but que se proposait le législateur. Le code de la route en fournit à satiété. Vous descendez une côte à la vitesse limite permise. Un camion lourdement chargé vous suit dont les freins font subitement défaut. Si vous avez la chance d'en être averti, vous n'hésitez pas à excéder la vitesse limite pour éviter d'être embouti. Quand on dit que la lettre tue, parfois c'est vrai au sens propre du terme. Des cas semblables se présentent dans l'application de n'importe quelle loi.

Aristote compare l'équité à la règle de plomb qu'utilisaient en son temps certains constructeurs de Lesbos. Ces ingénieux bâtisseurs s'en faisaient un gabarit pour tailler les pierres réfractaires à la ligne droite. De même que la règle de plomb épouse les formes capricieuses de la pierre, ainsi l'équité adapte les lois trop rigides aux situations particulières. Les partisans de l'adage rigoriste: «La loi, c'est la loi» ont là matière à rouspéter. Mais nous ne pouvons rien pour les apaiser, car il y a une loi supérieure à la loi écrite.

En d'autres mots, la loi a aussi sa loi. La loi de la loi, ce sont les exigences d'épanouissement de la personne humaine en quête de bonheur. À maintes reprises, dans son traité *Des lois*, le vieux Cicéron martèle l'idée que la loi écrite doit respecter la loi naturelle: «Partons, dit-il, de cette loi suprême qui, antérieure à tous les temps, a précédé toute loi écrite»[28]. Les lois écrites doivent être jugées d'après cette loi antérieure à toutes les autres: «Pour distinguer une bonne loi d'une mauvaise, nous n'avons d'autre règle que la nature»[29].

3.4 Le légal et le moral

En élaborant les lois, les législateurs sages doivent songer aux gens à qui elles s'adressent: des hommes, des femmes; des jeunes, des vieux; des riches, des pauvres; des malades, des bien portants; des vertueux, des vicieux, etc. Ils ne doivent donc pas exiger l'héroïsme, mais s'en tenir aux choses les plus graves, celles sans lesquelles la société serait menacée d'éclatement. Comme ce sont les accrocs à la justice qui constituent cette menace, les législateurs doivent se préoccuper avant tout de la justice.

Il s'ensuit qu'un code de lois ressemble peu à un code moral. Et ceci nous amène à la distinction capitale entre ce qui est légal et ce qui est moral. Le domaine juridique et le domaine moral ont non seulement des frontières communes, mais ils se recoupent souvent. Rien d'étonnant que les moralistes et les législateurs en viennent souvent aux prises.

Dans certains cas, cependant, ils sont d'accord. Les uns et les autres, par exemple, interdisent le vol et le meurtre. Mais si vous leur demandez pourquoi, leurs «parce que» seront différents: parce que cette interdiction est nécessaire au bon fonctionnement d'une société, diront les législateurs

28. Cicéron, *Des lois*, Paris, Garnier-Flammarion, coll. «Texte intégral GF» no 38, 1965, L. I. ch. VI, p. 128

29. *Ibid.*, L. I, ch. XVI, p. 138

lateurs; parce qu'elle est exigée par le plein épanouissement de la personne, diront les moralistes. Ils envisagent les choses d'un point de vue différent. Du point de vue du bon fonctionnement d'une société, la fornication est tolérable. Ainsi donc, la loi civile ne l'interdit pas. Mais la morale ne la voit pas du même oeil.

Devant les actes qu'ils jugent immoraux, mais que les législateurs n'interdisent pas, les moralistes trépignent. Ils voudraient bien que les législateurs les épaulent dans leurs efforts pour endiguer les passions humaines. Malheureusement pour eux, les législateurs ne le doivent pas. Le mieux, en ce domaine, devient facilement l'ennemi du bien.

Quand une loi jugée immorale ne fait que permettre de poser un acte — divorce, avortement, etc. — il suffit à la personne qui la juge immorale de ne point s'en prévaloir. Elle peut en outre la combattre si elle en a le courage et les moyens. Mais s'il s'agissait d'une loi qui ordonne de poser un acte, la situation serait fort différente. Si un gouvernement ordonnait l'avortement ou la stérilisation pour freiner l'expansion démographique, certaines personnes pourraient ne pas avoir d'autre choix que la désobéissance.

Il est de la plus haute importance que l'on distingue nettement ces deux domaines: celui du légal et celui du moral. Quand on ne les distingue pas, on croit, par exemple, que l'avortement est moral quand la loi le permet. Eh bien, non: aucun problème moral n'est tranché par une loi civile.

4. Quelques qualités sociales

Les qualités sociales sont les qualités qui rendent sociables, c'est-à-dire d'agréable compagnie les personnes qui les possèdent. Sans une longue expérience de la vie en société, on est en mesure d'en nommer une bonne demi-douzaine. Personne n'aime fréquenter les voleurs, les menteurs, les égoïstes, les mesquins, les langues de vipère, les rabat-joie, etc. Tout le monde cherche les qualités contraires. Voyons-en quelques-unes; chacun pourra en ajouter.

4.1 La franchise

Il en est de la franchise comme de la plupart des autres qualités: on l'apprécie à cause des défauts qu'elle corrige. On pourrait bien dire en un mot que la franchise est le contraire du mensonge, mais comme il y a plusieurs façons de mentir, force nous est de parler de mensonge, d'accord, mais de simulation et d'hypocrisie également.

L'objet de la franchise, c'est la vérité, comme l'objet de la sobriété, ce sont les boissons enivrantes. De même qu'une personne sobre sait user raisonnablement des boissons alcooliques, de même une personne franche sait comment manipuler la vérité, si je puis dire: elle sait comment la dire, quand la dire, à qui la dire, jusqu'à quel point la dire.

Mais comme on peut tromper non seulement par la parole, mais aussi par les gestes, par l'attitude, par le vêtement, par le train de vie, la franchise ne se limite pas à dire la vérité selon que l'exigent les circonstances, mais à la montrer de la même manière: parfois, il faudra dissimuler certaines choses — toute vérité n'est pas bonne à exposer au soleil; parfois, ce sera le contraire.

La nécessité de la franchise est une conséquence d'une autre nécessité, à savoir la nécessité de vivre en société pour développer au maximum les potentialités, les talents qui sont en nous. La vie de tous les jours est impossible si l'on ne se fie constamment à ce que les gens disent et font. On croit que le chirurgien qui opère est qualifié; on croit que le câble de l'ascenseur est solide; on croit que celui qui prend place aux commandes de l'avion n'est pas un imposteur; on croit mille fois par jour.

La franchise est davantage mise en lumière quand on définit le mensonge, son contraire. Mentir, c'est autre chose que de ne pas dire la vérité. On dit souvent: c'est faux, sans ajouter: tu es un menteur. Pour qu'il y ait mensonge, il faut que la personne qui ne dit pas la vérité sache qu'elle ne la dit pas. Et elle ferait un mensonge en disant la vérité si elle pensait que ce qu'elle dit n'est point la vérité...

Le mensonge est défini en rapport avec la parole parce que les mots sont les instruments les plus souvent employés pour exprimer la vérité, mais il va de soi qu'on peut mentir par un signe quelconque: un geste de la main, une affiche: «Chien méchant», quand on n'en a pas: «Ne dérangez pas», quand on n'est plus dans la chambre d'hôtel, etc.

À côté du mensonge en paroles, il y a le mensonge en actes. Faire signe que oui ou que non de la tête, indiquer du doigt une fausse direction, cela équivaut à mentir en paroles. Sans attirer tellement l'attention sur les modalités du mensonge commis par des actes, le langage courant distingue tout de même deux façons de s'y livrer: la simulation et l'hypocrisie.

On ne traitera pas d'hypocrite le touriste qui, par mesquinerie, fait semblant de dormir pendant qu'on passe le chapeau pour le chauffeur de l'autobus. Le mot est beaucoup trop fort: ce n'est que de la simulation. Chacun de nous fait semblant plusieurs fois par jour. C'est à peine exagéré de dire qu'on simule comme on respire: on fait semblant d'aimer le patron, semblant d'être en colère, semblant d'être débordé de travail, semblant de n'avoir pas écouté, semblant que c'est beau, etc.

Quant à l'hypocrisie, elle est une manière de faire semblant, mais une manière globale de le faire. Pour comprendre, il est bon de remonter à l'origine grecque du mot. Dans l'ancien grec, *upokritês* signifie acteur, comédien. Les comédiens de l'époque portaient des masques représentant le personnage qu'ils incarnaient sur la scène. Quand nous parlons du comédien Jean Duceppe, les Anciens auraient parlé de l'hypocrite.

Le mot grec *upokritês* a été latinisé puis francisé. Et, en français, il désigne le mensonge de la personne qui joue, non point sur la scène mais dans la vie, un personnage qu'elle n'est pas. Ce n'est plus une personne qui fait semblant de dormir ou d'être heureuse; c'est une personne qui fait semblant d'en être une autre: un ennemi qui fait semblait d'être un ami est un authentique hypocrite.

La gravité du mensonge sous n'importe quelle de ses formes dépend du but que l'on se propose en le commettant. On peut mentir pour s'amuser; c'est le mensonge innocent; étymologiquement: qui ne nuit pas. La morale ne peut quand même pas nous interdire de faire courir le poisson d'avril. Il y a ensuite le mensonge officieux, mensonge commis en vue d'aider quelqu'un sans nuire à quelqu'un d'autre ou pour protéger une personne contre d'autres qui la poursuivent injustement. Il serait immoral de dire bêtement où elle se cache sous prétexte qu'il ne faut pas mentir. Comme le dit saint Augustin, la morale (ou le bon sens) demande parfois qu'on sache dissimuler habilement la vérité. Il y a enfin le mensonge commis en vue de nuire; c'est le mensonge que l'on qualifie de pernicieux. Sa gravité dépend du dommage qu'il cause.

4.2 La générosité

Quand on demande à une personne: quelles sont les qualités que vous appréciez chez les autres? la générosité figure parmi les quelques-unes qu'elle récite d'un trait. Son contraire, la mesquinerie, nous la fait considérer comme une qualité éminemment sociale.

Les mots généreux, générosité, généreusement sont d'un usage quotidien. On verse généreusement à boire; on récompense généreusement un bienfaiteur; on sert une généreuse portion, etc. La personne généreuse donne plus qu'elle n'est tenue de le faire. La générosité fait déborder la mesure de la justice. Qui dit justice dit égalité: la justice compte, tandis que la générosité donne sans compter. Elle compte juste assez pour que ses douzaines dépassent douze.

Il est possible que la générosité rende moins de nos jours. En effet, quand on va chercher les oeufs sous les poules, on les donne plus facilement au quêteux que si on les achète à l'épicerie. Mais on n'a pas le choix: on ne peut quand même pas bâtir une société sur la mesquinerie. Parions donc sur la générosité, qui donne plus qu'il n'est dû, alors que la justice donne strictement le dû et la mesquinerie moins que le dû. (J'entends le dû moral, car s'il s'agissait du dû légal, on pourrait le réclamer devant les tribunaux.)

L'atmosphère actuelle n'est pas à la générosité; c'est le moins qu'on puisse dire: on compte beaucoup de nos jours, et chaque jour de plus en plus. Dans le sport, on est rendu au millième de seconde. Qu'on soit champion olympique par un ou deux millièmes de seconde, passe encore, mais qu'on parle de secondes dans le secteur de la santé — tant de secondes pour donner une piqûre — ça passe moins bien. Chacun a ses exemples à apporter, et il sait que la vie en société devient de plus en plus pénible.

4.3 La bienveillance

Nous avons rencontré la bienveillance, au début de ce chapitre, dans l'une des attitudes face à l'autre, à savoir l'amitié. L'amitié est un amour de bienveillance réciproque, mais la bienveillance ne doit pas s'exercer qu'envers les personnes dont on recherche l'amitié: elle doit s'exercer envers tout le monde. À ce sujet, Hans Selye nous livre de judicieux conseils dans *Stress sans détresse*.

Selon lui, le stress le plus nocif est causé par la haine et le besoin de vengeance. Ces deux dissolvants de la personne humaine doivent faire place à la gratitude et à la bienveillance. La bienveillance envers toutes les personnes avec lesquelles on entre en relation, et ce pour son avantage personnel, c'est ce qu'il appelle de l'«égoïsme altruiste». On pense aux autres, mais on sait que c'est rentable.

Comme le besoin de sympathie, de gratitude et de bienveillance ne cesse de croître jusqu'au dernier soupir, les activités du chômage, du loisir et de la retraite devraient être en mesure de susciter chez les autres — et envers nous — ces sentiments. Les activités qui n'atteignent pas autrui sont donc à déconseiller. Pour amorcer l'énumération, mentionnons les mots croisés, les casse-tête, les jeux de patience, etc.

Certaines solitudes dramatiques de la vieillesse s'expliquent par ce recroquevillement qui élève un mur entre soi et les autres. L'égoïsme altruiste est la seule solution.

4.4 L'affabilité

On ne dit pas souvent d'une personne qu'elle est affable; on utilisera plutôt quelque synonyme: aimable, accessible, courtoise, douce, polie, etc. Le substantif affabilité est lui aussi remplacé par les noms correspondant aux adjectifs ci-dessus mentionnés. Mais il est intéressant de s'arrêter un moment sur l'affabilité. Dans affabilité, il y a un verbe latin, *affari*, qui signifie parler à. Et l'affabilité est une qualité qui incite à engager la conversation.

Quand on sait à quel point l'être humain a besoin de parler, on ne peut exagérer l'importance de l'affabilité pour la vie en société. On a contesté bien des définitions de l'être humain, mais on semble d'accord sur un point: animal raisonnable? pas tellement évident; animal qui parle? oui. «Qui dit homme dit langage», écrit Claude Lévi-Strauss dans ses *Tristes tropiques*[30].

Mais à qui est-il facile de parler? La réponse à cette question nous dira jusqu'où s'étend l'affabilité. On peut demander un renseignement à un fonctionnaire bourru, mais on n'engage pas de conversation. L'affabilité présuppose la gaieté, la politesse, la bienveillance et sans doute quelques autres qualités fondamentales: on se méfierait d'un voleur ou d'un lâche.

5. L'ambiguïté de l'expression «dimension sociale»

On parle beaucoup de dimension sociale, et avec raison, mais l'expression, malgré son apparente limpidité, recèle une ambiguïté qu'il importe de dissiper. Si, par dimension sociale, on entend les qualités qui font qu'une personne est d'agréable compagnie, comme la franchise, la générosité, la bienveillance ou l'affabilité, la dimension sociale est une branche de la dimension morale, comme les amphibiens sont une branche des vertébrés.

Mais si l'on entend, par dimension sociale, le fait que l'être humain a besoin des autres pour se réaliser, la dimension sociale en est une d'un genre spécial: elle évoque alors un moyen à utiliser, comme sont des moyens la famille, le syndicat, la démocratie, l'automobile et le téléphone.

---

30. Claude Lévi-Strauss, *Tristes tropiques*, Paris, Plon, 1955, p. 421

Dans *L'école québécoise*, on lit: «L'éducation au Québec vise à développer la personne dans toutes ses dimensions: la personne est corps, intelligence, affectivité. Elle a une dimension sociale. Dans son existence, elle intègre une morale et, très souvent, une religion»[31].

Les deux-points qui suivent le mot dimensions nous justifiaient d'attendre une énumération de dimensions. Son panier était plein de fruits: pommes, oranges, bananes, pamplemousses, pruneaux, kiwis. Si la personne est corps et intelligence, il n'y avait pas de risques à parler de dimension corporelle et de dimension intellectuelle, puisqu'on parle de valeurs corporelles et de valeurs intellectuelles. Si la personne «intègre une morale», pourquoi ne pas parler de dimension morale?

Le mot dimension apparaît seulement dans dimension sociale. J'aurais préféré qu'il apparaisse partout ailleurs, sauf là. Dans le mot dimension, il y a mesurer. Eh bien, quand je mesure un rectangle, je donne deux dimensions: longueur et largeur; quand je mesure un parallélépipède, j'en donne trois. Si c'est un être humain que je mesure, je devrais prendre sa dimension corporelle, sa dimension morale, sa dimension intellectuelle et quelques autres, peut-être, à déterminer.

Mais pas sa dimension sociale. La société civile se situe dans la catégorie des instruments dont l'être humain se sert pour s'épanouir. Il se sert également de la famille, du syndicat, de l'avion, du téléphone et de mille autres outils. L'être humain a une dimension sociale comme il a une dimension syndicale, téléphonique, automobile... Si vous m'objectez qu'on peut se passer du téléphone mais non point de la famille, je vous répondrai: «D'accord; introdui-

31. *L'école québécoise*, Québec, Ministère de l'Éducation, 1979, p. 26

sons une distinction parmi les instruments. Il y en a qui sont nécessaires; d'autres, simplement utiles.» Mais ce sont quand même des instruments; de simples instruments.

La véritable question consiste à se demander ce que le citoyen fabrique avec cet instrument qu'est la société. Cette construction, on la mesure en prenant les dimensions constitutives de l'être humain: dimension corporelle, dimension morale, dimension intellectuelle, etc. Qu'on continue de parler de dimension sociale, je le veux bien, mais qu'on sache que c'est en un tout autre sens que quand on parle de dimension corporelle ou de dimension morale.

Chapitre 8

Les droits et les devoirs; les libertés et les contraintes

Récemment, il m'a été donné d'écouter une émission de télévision portant sur les droits de la personne. L'animatrice a eu l'imprudente idée de demander à la personne ressource de préciser le sens du mot droit. (Voir si on définit un mot que tout le monde a dans la bouche à longueur de journée... N'est-il pas devenu évident par la seule répétition?) Le spécialiste a hésité, bafouillé, puis, oubliant la question, il a foncé dans une direction de son choix. Polie, l'animatrice l'a laissé aller.

Pourtant, comment peut-on savoir de quoi l'on parle, quand on pérore sur les droits de la personne, si l'on est incapable de mettre en pleine lumière ce qui se cache sous ce petit mot de rien du tout? S'il y a là un défi, nous allons essayer de le relever.

1. La notion de droit

En bonne pédagogie, on va du connu à l'inconnu, du concret à l'abstrait. Ici, l'adjectif et l'adverbe droit sont plus connus que le nom: un chemin droit, une ligne droite; se tenir droit comme un i. La route qui n'est pas droite est sinueuse ou courbe; le dos qui n'est pas droit est voûté. Quand on en vient à parler non plus de l'adjectif et de l'adverbe, mais du nom droit, il faut retenir la route droite et le corps droit. Mais on ne voit pas clair là-dedans sans un rappel de la manière dont se fabrique un mot. On a d'abord une chose, puis on lui fabrique un nom inspiré par la première connaissance qu'on en a.

Reportons-nous donc à l'époque où le mot droit n'existe pas encore. Existe cependant la réalité qu'il sera tantôt appelé à désigner. Cette réalité, on la trouve dans le domaine des activités qui rejoignent autrui: un achat, une vente, un salaire, une charge de travail, une récompense, un châtiment, un vol, une médisance, une calomnie, etc.

Dans tous ces cas (et dans bien d'autres qu'on pourrait énumérer), on a deux choses: un cochon et des poules, par exemple, dans le troc; un travail et un salaire; une compétence et un emploi, etc. Quand ces deux choses ne sont pas proportionnées, ajustées, équilibrées, les gens qui se sentent lésés se plaignent et ils réclament leur droit. J'ai le droit à un meilleur salaire; j'ai le droit à une poule de plus pour mon cochon; il mérite quelques années de plus en tôle. Par contre, quand le salaire est proportionné au travail; quand la charge de travail est ajustée aux épaules; quand le châtiment convient au crime, les gens sont satisfaits.

On aurait pu fabriquer plusieurs mots pour signifier ces deux situations et pour qualifier ceux qui en sont responsables. C'est le mot *juste* qui a été choisi. On dit que le salaire est juste, comme est juste un gant, un soulier, un pantalon. Et la personne qui sait établir cette proportion dans les choses humaines, on lui attribue une qualité qui a nom justice.

L'usage, grand maître en matière de langage, nous a compliqué un brin la parole. En latin, tout était simple: les mots utilisés dans ce domaine avaient tous la même physionomie: *justus* (adjectif), que l'on rend par juste; *justitia*, justice; *jus*, que l'on rend par droit; *judex*, juge; *justitium*, tribunal.

Si l'usage avait imposé le juste au lieu d'imposer le droit, la langue y aurait gagné en clarté. Au lieu d'avoir des étudiants en droit, on aurait des étudiants en juste et des professeurs de juste. L'habitude devenant une seconde nature, personne ne trouverait ça ridicule. De même, si on nous avait appris jeunes à dire un écrivain, une écrivaine, voire un médecin, une médecine, cela passerait aussi bien que puritain, puritaine, d'une part; d'autre part, le contexte dissiperait toute équivoque, comme il le fait très bien dans tant d'autres cas.

Mais c'est par droit et non par juste qu'on a traduit le petit mot latin *jus*. Droit contient évidemment l'idée d'ajuster, d'aligner, sinon il conviendrait mal au rôle qu'on lui assigne dans la langue. Le mot droit est dérivé du latin *dirigere*, qui signifie aligner. On comprend que le mot ait donné notre diriger français. Diriger une opération, c'est aligner sur le but à atteindre tous les gestes qui la composent.

2. Les multiples sens du mot droit

Il y a de ces mots qu'on cherche presque en vain dans le dictionnaire, tellement ils ont de significations. Si le contexte n'en éclaire pas le sens, c'est peine perdue. Tous ceux qui pratiquent la traduction en savent quelque chose. D'ordinaire, ce sont les mots les plus employés. Le mot droit appartient à cette famille. Dans le grand *Robert*, les sens et les nuances qu'il revêt occupent sept longues colonnes et demie. C'est peut-être un record.

2.1 Les multiples sens du mot droit

Relevons quelques-unes des expressions les plus connues: enseigner le droit, étudier le droit, pratiquer le droit; revendiquer un droit; avoir le droit. Ce sont, sans conteste, des formules que l'on emploie ou que l'on entend tous les jours. Les trois premiers exemples constituent un premier cas: droit y est synonyme de loi. Dans l'autre exemple — revendiquer un droit — le droit est une chose, au sens large du terme, dont on réclame la jouissance. Enfin, dans le dernier exemple, le droit est une possibilité, une capacité.

Le droit comme chose revendiquée et le droit comme loi ne posent pas de problème de signification: c'est clair. Mais le troisième sens demande quelques explications. Essayons de le cerner dans le langage courant. Quelqu'un réclame une indemnité à la suite d'un accident sur une chaussée mal entretenue, selon lui. Il se débat comme un diable en disant: «J'ai le droit», c'est-à-dire j'ai raison de réclamer cette indemnité. Le droit, dans «j'ai le droit» n'est pas la chose revendiquée, car alors notre personnage ne revendiquerait plus.

Le mot droit, dans cette expression d'usage quotidien — même chez les tout jeunes — signifie la légitimité de la revendication. C'est comme si le revendicateur disait: «Je peux», mais un pouvoir que l'anglais rendrait par *may* et non par *can*. Comme ce droit correspond, chez celui qui revendique, à la chose revendiquée, on qualifie la chose revendiquée de droit objectif et de droit subjectif le pouvoir de la revendiquer.

Et nous avons là les trois sens qu'il est indispensable de connaître si l'on veut voir clair un tout petit peu dans les textes qui parlent du droit: le droit comme loi, le droit comme chose revendiquée et le droit comme 'pouvoir' de revendiquer (droit subjectif). Le droit comme chose est le clou auquel sont suspendus les deux autres.

2.2 Le droit comme chose

Au sens premier du terme, le droit est une chose que quelqu'un revendique ou réclame comme lui revenant, comme lui appartenant, comme lui étant due. Une chose non pas du genre potiche, qu'on saisit sur la tablette et qu'on vous remet, mais une chose au sens large: un salaire, une pension, une récompense, une certaine charge de travail, voire la «jouissance paisible» d'une chose. Le mot droit évoque quelque chose d'agréable. On ne revendique pas pour soi un châtiment. C'est la société qui revendique comme un droit le châtiment du criminel. Aller se coucher est un droit si l'on s'endort; un devoir si l'on doit se lever tôt le lendemain; une punition si...

Cette chose qu'est le droit au sens fondamental du terme, on la revendique parce qu'un autre la détient ou nous en conteste la possession. Si personne ne la retenait ni ne nous en contestait la possession, il ne serait pas nécessaire de la revendiquer: il n'y aurait qu'à la prendre ou à continuer d'en jouir. Le droit comme chose fait donc apparaître deux personnes sur l'écran: une première qui revendique et une seconde qui détient la chose revendiquée ou en conteste la possession.

Pourquoi la première revendique-t-elle? pourquoi la seconde tombe-t-elle d'accord, parfois? Pour une seule et même raison: la première réclame parce que la chose en question lui convient, lui semble utile sinon nécessaire pour son accomplissement; la seconde cède pour la même raison. L'eau convient au poisson. Par analogie avec la vie humaine, on pourrait dire que l'eau lui est due, mais il n'est pas équipé pour revendiquer un droit à de l'eau non polluée.

Ce qui convient à un être, ce sans quoi il ne peut vivre ou ne peut bien vivre lui est dû. Le pompier a droit à tout ce qui est nécessaire à l'exercice de sa fonction. Mais cette fonction est pour lui un devoir. Ce devoir lui confère des droits; sur ce devoir sont greffés des droits.

L'exemple du pompier jette un peu de lumière sur le problème de la vie. L'article premier de la charte québécoise débute ainsi: «Tout être humain a droit à la vie.» Il est normal de demander pourquoi. Sur quoi repose ce droit à la vie? On fait un pas vers la réponse à cette question, je pense, en considérant d'abord l'être humain en tant que citoyen. De ce point de vue, dans la plupart des pays du monde, un être humain a droit à la vie dans la mesure où il contribue au bon fonctionnement de la société à laquelle il appartient. Le jour où il constitue un danger grave, on ne se gêne pas pour le retrancher. Ce droit à la vie est donc fondé sur l'obligation qu'a tout citoyen de contribuer au bon fonctionnement de la société dont il est membre. De ce point de vue-là, la vie semble davantage un devoir qu'un droit.

Oublions le citoyen et considérons l'être humain, à qui notre charte concède un droit à la vie. Avant d'exister, il n'avait évidemment pas de droit à la vie. La vie lui a été donnée par ses parents. En le faisant, exerçaient-ils un droit de donner la vie ou remplissaient-ils un devoir? Devoir envers l'espèce à perpétuer? En l'occurrence, celui qui reçoit la vie se voit imposer un devoir de même nature. Droit de se préparer du support dans la vie. La vie est alors reçue comme un devoir de venir en aide à ceux qui l'ont donnée.

Si l'on se place maintenant non plus du point de vue des parents, mais de la nature entière, on aboutit à la question redoutable de savoir si l'être humain est là par hasard ou si un rôle lui a été confié, comme la société en confie un au pompier. Si oui, la vie apparaît de nouveau comme un devoir. Dans le cas contraire, pourquoi interdirait-on le suicide?

Si la vie était un droit, pourquoi ne pourrait-on pas y renoncer? Il arrive fréquemment qu'on demande à une personne de renoncer à ses droits, mais jamais de renoncer à son devoir. Aussi, parmi les arguments qu'on apporte contre le suicide, il y a toujours celui qui en fait une injustice envers la société. Il y a donc là un authentique devoir de vivre. Parler du droit à la vie, c'est une façon très superficielle de parler.

Enfin, qu'est-ce qu'on doit retenir comme définition du droit en tant qu'il est une chose? Cette chose a d'abord été revendiquée auprès de quelqu'un ou auprès d'un organisme. La discussion s'est engagée. À la fin, on est venu à la conclusion que la revendication était raisonnable ou bien qu'elle ne l'était pas. Si la revendication était raisonnable, on dit de la chose qu'elle est due à celui qui la revendiquait. La chose revendiquée était donc un droit. Dans le cas contraire, elle n'en serait pas un. Le droit est donc la chose due et non pas seulement revendiquée: tout ce qui est revendiqué n'est pas nécessairement un droit.

La chose due est due à qui? À soi-même ou à autrui? Celui qui détient une chose ne la revendique pas pour lui-même: il n'aurait qu'à la prendre. Le droit est donc la chose due, par celui qui la détient, à celui qui a des raisons de la revendiquer. C'est donc la chose due à autrui.

On parle quand même d'injustice envers soi-même, mais ce n'est pas au sens propre du terme. Personne ne va devant les tribunaux pour faire corriger une injustice qu'il aurait commise envers lui-même. C'est admettre que l'injustice envers soi-même n'est pas de l'injustice authentique, mais de l'injustice au sens métaphorique du terme.

Notre définition s'allonge. Le droit au sens premier du terme nous apparaît maintenant comme «la chose due à autrui». Il nous reste à préciser pourquoi la chose lui est due. Si on veut faire lâcher prise à celui qui détient, il va falloir lui prouver qu'on a besoin de cette chose pour vivre comme il convient à un être humain.

La chose est due parce qu'elle convient. Pourtant, ce n'est pas le mot convenance qui a été retenu, mais le mot le plus primitif en matière de droit et de justice, à savoir le mot égalité. Notre définition du droit au sens premier du terme est maintenant complète: c'est la chose due à autrui en raison de son égalité (ou de sa convenance).

Quand Alain se demande: «Qu'est-ce que le droit?» et qu'il répond: «C'est l'égalité»[1], il se contente de donner l'élément principal de la définition du droit comme chose. Cette chose est due parce qu'elle convient (est égale); parce qu'elle est due, elle est un droit. L'égalité ou la convenance joue donc le rôle clé. L'égalité est vraiment constitutive du droit; c'est elle qui engendre le dû et le droit.

Quand on demandait à la personne ressource de la télévision: qu'est-ce que le droit? elle aurait dû répondre tout simplement: «Au sens premier du terme, le droit est une chose due à autrui parce qu'elle lui convient.» Or ce qui convient est parfois inséré dans des lois; c'est le cas des pensions de vieillesse, des allocations familiales, etc. Et l'on a ainsi le droit au sens de loi, relié au droit comme chose à la manière d'un contenant à son contenu. Le troisième suit: le droit subjectif, comme revendication justifiée.

---

1. Alain, *Philosophie*, tome II, p. 95

3. Les droits et les devoirs

Les chartes des droits ont été réclamées par des gens qui en avaient soupé de vivre comme s'ils n'avaient que des devoirs. Cet abus corrigé, l'impression contraire s'est souvent développée: on n'avait dorénavant plus que des droits. N'avoir que des devoirs, n'avoir que des droits, ce sont là deux extrêmes à éviter. Dans le juste milieu, on a des droits et des devoirs.

Tout droit chez une personne engendre un devoir chez une autre. Si j'ai le droit de toucher un salaire qui permet une vie humaine décente, quelqu'un a le devoir de me le verser ou de faire en sorte qu'il me soit versé. Sinon on aurait un créancier sans débiteur. La déclaration de 1789 en est une des «droits de l'homme et du citoyen», mais, dès l'introduction, on s'empresse de dire que cette déclaration rappellera aux «membres du corps social» leurs droits et leurs «devoirs», puisqu'un droit ne va pas plus sans un devoir qu'une médaille sans un revers.

Le mot devoir n'apparaît pas dans *Votre charte québécoise des droits et libertés de la personne*, que le gouvernement du Québec publiait à l'automne 1983, mais on trouve forcément son équivalent. L'article 2, par exemple, déclare que tout être humain dont la vie est en péril a droit au secours, puis, corrélativement, il ajoute que toute personne doit (c'est l'équivalent de «a le devoir») porter secours à la personne dont la vie est en péril.

Les articles 7 et 8 portent sur l'inviolabilité de la demeure. L'article 7 se lit comme suit: «La demeure est inviolable.» Le législateur a évité à la fois le mot droit et le mot devoir. Il aurait pu dire que l'occupant a le droit de ne pas être importuné dans sa demeure. En disant, à l'article 8, que «nul ne peut pénétrer chez autrui...», il impose à quiconque un devoir, sans employer le mot.

Les nombreux «nul ne peut» contenus dans cette charte équivalent à des négations de droits: nul ne peut, donc personne n'a le droit. Ne pas avoir le droit de divulguer un renseignement confidentiel, c'est la même chose qu'avoir le devoir de retenir sa langue sur ces questions-là.

Sans employer le mot devoir, la charte québécoise des «droits et libertés» est effectivement une charte des droits et des devoirs. Et nous verrons dans quelques instants qu'elle en est une des libertés et des contraintes. Je me demande pourquoi on ne le dit pas clairement.

4. Les droits et libertés

L'omission de l'article dans la formule «les droits et libertés» n'est justifiée que s'il s'agit de deux choses étroitement unies dans la pensée. De la même manière, on dit: les arts et métiers, les fruits et légumes, les ponts et chaussées, etc. Mais il ne serait pas correct de dire: les concombres et carottes.

Deux choses unies dans la pensée, ce sont quand même deux choses différentes: un art, ce n'est pas un métier; un pont, ce n'est pas une chaussée. Il doit donc y avoir une différence, si subtile soit-elle, entre un droit et une liberté, sinon on se serait contenté de parler, comme on le fait souvent, des droits de la personne.

Quelques exemples tirés de la charte québécoise feront ressortir cette nuance. Parmi les libertés fondamentales énumérées à l'article 3 figure la liberté de religion. Quant à l'article 40, c'est un droit à l'instruction qu'il concède. Ce n'est sûrement pas pour varier le vocabulaire qu'on a employé liberté dans un cas et droit dans l'autre. C'est la liberté et non le droit de pratiquer une religion que la charte accorde. Quelle différence cela fait-il?

La charte va parler de droit quand il s'agit de quelque chose dont l'importance pour l'épanouissement de la personne ne suscite pas de polémique dans le milieu. La dimension intellectuelle n'est pas contestée: tout le monde admet qu'elle est une dimension constitutive de la personne humaine normalement développée. La charte dit donc qu'il y a là matière à droit.

Mais la dimension religieuse soulève des réticences. Il n'est pas admis communément qu'elle est une dimension constitutive de la personne humaine. La charte accorde donc simplement la liberté de religion: elle laisse le citoyen libre de pratiquer une religion ou de n'en point pratiquer; de pratiquer telle religion ou telle autre.

Un droit, comme je l'ai déjà dit, est quelque chose qui intéresse, quelque chose auquel on aspire. Il ne convient donc pas de parler de droit à propos de choses qui suscitent peu d'enthousiasme, de choses qui laissent trop de citoyens indifférents. On ne parlerait pas du droit de jeûner, mais de la liberté de le faire si on y voit des avantages.

Autre exemple: droit à la vie (article 1); liberté d'association (article 3). Si l'on excepte quelques suicidaires, l'attachement à la vie est tel qu'on est justifié de parler, au sens précisé en 2.2, d'un droit à la vie et non d'une liberté de vie. Mais les associations ne font pas la même unanimité; certains sont en faveur, d'autres sont contre. Comme le jeûne... La charte va donc parler de liberté d'association. Peuvent former des associations ceux qui y voient plus d'avantages que d'inconvénients. On les laisse libres.

Accorder une liberté, c'est laisser la possibilité de choisir; concéder un droit, c'est sanctionner un choix. Sur un droit, des libertés peuvent se greffer. On pourrait reconnaître le droit à l'instruction, mais laisser la liberté de s'en prévaloir ou pas, ou la liberté de choisir entre les écoles privées et les écoles publiques. On a même le cas un peu bizarre du droit à l'instruction, qu'on a assorti d'une obligation. Pourquoi? parce qu'à l'âge où il commence à exercer ce droit, le jeune ne lui a pas encore découvert les attraits d'un droit...

5. Les libertés et les contraintes

Nous avons des chartes de «droits et libertés», mais la vie est farcie de devoirs et de contraintes. C'est pourquoi j'ai cru mieux refléter la réalité en donnant comme titre à ce chapitre: les droits et les devoirs; les libertés et les contraintes. Nous avons parlé du revers des droits, les devoirs; nous allons dire un mot du revers des libertés, les contraintes. Rien n'est parfait, décidément.

Une contrainte est une violence exercée contre une personne; c'est une entrave à sa liberté d'action. Les contraintes nous arrivent de partout: de la naissance, du hasard, de la société, des amis, de l'emploi, des circonstances, des parents, etc. Quelques exemples entre mille. La naissance apporte sa botte de contraintes: sexe, taille, couleur de la peau, santé, pays, etc.; l'état civil en comporte: célibat, mariage; la profession: chacune a ses exigences.

Il va sans dire que le gouvernement n'est pas responsable des contraintes qui nous viennent de la naissance. Si je n'ai ni le talent, ni la volonté, ni la santé pour aspirer à une fonction rémunératrice, je n'ai que le sort à blâmer. C'est pourquoi, du point de vue d'une charte des droits et des libertés, les contraintes sont de deux sortes: il y a celles qu'impose le gouvernement et celles qui échappent à son influence.

Les contraintes qui constituent le revers des libertés qu'une charte concède aux citoyens, ce sont les contraintes qu'un gouvernement impose lui-même. L'hiver québécois n'est pas une contrainte gouvernementale. Mais la plupart des lois en comportent pour les citoyens qu'elles touchent. La loi de l'impôt est sûrement celle qui en contraint le plus. D'autres en contraignent moins mais toujours quelques-uns: lois concernant la chasse, la pêche, la résiliation des contrats, l'affichage, le logement locatif, etc.

6. Les droits de la personne

En grec et en latin, on avait un mot pour désigner l'être humain, un autre mot pour désigner la femme et un troisième pour l'homme. Les gens de 1789 ont rédigé une déclaration des droits de l'homme. Mais depuis que le mot homme évoque spontanément le mâle, à l'exclusion de la femme, l'usage nous interdit de parler des droits de l'homme — il n'en aurait que trop eu; l'usage veut que l'on parle des droits de la personne.

6.1 La notion de «droits de la personne»

Dans cette formule, le mot droits est pris au sens de choses. Les droits de la personne, ce sont les choses qu'un être humain devrait avoir à sa disposition pour travailler à son épanouissement ou à son bonheur. Et quand on ajoute: de la personne, on exclut le citoyen.

Les droits des citoyens varient d'un pays à un autre, et ils varient d'une année à l'autre dans un même pays. Les droits des Français ne sont pas les mêmes que les droits des Espagnols; les droits des Russes diffèrent des droits des Américains; il y a maintenant au Québec des droits dont ne jouissaient pas les Québécois et les Québécoises du début du siècle.

Quand on parle des droits de la personne, on entend les droits dont tout être humain en tant que tel devrait jouir. Abstraction faite de son caractère de citoyen de tel ou tel pays. Du fait qu'il est citoyen de tel ou tel pays, d'autres droits pourront s'ajouter, mais aucun ne devrait être retranché. En effet, les droits de la personne sont les droits fondamentaux, ceux dont aucun être humain — quelle que soit sa citoyenneté — ne devrait être privé.

La charte québécoise est plus qu'une charte des droits et libertés de la personne, car elle ne s'en tient pas aux droits fondamentaux. On y trouve des droits proprement québécois. L'article 40 donne à toute personne le droit à l'instruction publique gratuite. Le Québec confère ce droit aux Québécois. Le droit fondamental — ou droit de la personne — c'est le droit à l'instruction. La gratuité est une modalité québécoise.

6.2 Le fondement des droits de la personne

Le fondement d'un droit correspond aux fondations d'un édifice. C'est ce sur quoi il repose, ce qui le justifie. Si l'on demande pourquoi la charte québécoise confère à chaque citoyen tous ces droits qu'elle contient, la réponse à cette question dévoilerait le fondement de tous ces droits.

Sans être identifié comme étant le fondement des droits conférés aux Québécois, ce fondement apparaît dans le texte qui précède l'énoncé des droits et libertés conférés aux Québécois. Il est évoqué par le mot *épanouissement*. Les droits et libertés sont requis pour l'épanouissement des Québécois. Fort bien.

À sa naissance, l'être humain — québécois, russe ou chinois — est un faisceau de virtualités, de potentialités, qui ne demandent qu'à se développer. L'expérience nous l'apprend. La personne qui se découvre du talent et du goût pour la peinture ou la musique désire développer son talent et y trouvera beaucoup de plaisir. Il en est de même de tous les autres talents et de toutes les autres virtualités, qui sont innombrables. Une vie ne suffit pas non seulement pour développer tous les talents que l'on possède, mais même pour développer celui qui donnera un sens à sa vie.

Il y a à ce sujet, dans l'*Eupalinos* de Paul Valéry, un dialogue merveilleux entre Socrate et Phèdre. S'adressant à cette dernière, Socrate l'étonne: «Je t'ai dit que je suis né *plusieurs*, et que je suis mort, *un seul*. L'enfant qui vient est une foule innombrable, que la vie réduit assez tôt à un seul individu, celui qui se manifeste et qui meurt. Une quantité de Socrates est née avec moi, d'où, peu à peu, se détacha le Socrate qui était dû aux magistrats et à la ciguë.»

«Et que sont devenus tous les autres?» de poursuivre une Phèdre étonnée. «Idées. Ils sont restés idées, de continuer tranquillement Socrate. Ils sont venus demander à être, et ils ont été refusés. (...) Parfois, ces germes de personnes sont favorisés par l'occasion, et nous voici très près de changer de nature. Nous nous trouvons des goûts et des dons que nous ne soupçonnions pas d'être en nous: le musicien devient stratège, le pilote se sent médecin», etc. [2].

Personne ne peut développer toutes ses virtualités. Un jour, le musicien opte pour le piano, le violon ou la harpe. Le sportif opte pour le baseball, la natation ou le tennis. Un autre opte pour le droit, les mathématiques ou la psychologie. De ce point de vue, Sartre a raison de dire que l'être humain au seuil de la vie «se choisit» [3]. Se choisir, c'est décider que l'on deviendra musicien, avocat, menuisier ou psychologue; l'un à l'exclusion des autres, faute de pouvoir les devenir tous excellemment. Ce choix implique le rejet de dizaines de Socrates qu'on aurait peut-être aimé devenir.

---

2. Paul Valéry, *Oeuvres*, tome II, pp. 114-115

3. Jean-Paul Sartre, *Réflexions sur la question juive*, Paris, Paul Morihien, 1946, p. 72

C'est là une première contrainte, et non la moindre, de la condition humaine.

Le talent élu se développe par l'exercice. C'est en forgeant qu'on devient forgeron, c'est en peignant qu'on devient peintre, c'est en sculptant qu'on devient sculpteur. «Édification de l'homme. — Ne peut se concevoir que par deux voies: primo — par le choix des idéaux; secundo — par l'exercice, développement, travail»[4].

Pour toutes sortes de raisons, certaines personnes sont incapables de développer leurs talents, de réaliser leurs virtualités, d'actualiser leurs potentialités; autant d'expressions synonymes. Ces personnes-là sont lésées dans leur droit le plus fondamental: le droit de s'épanouir. Les droits contenus dans les chartes n'ont pas d'autre but que de permettre à des êtres humains d'exercer leur droit le plus fondamental, le droit des droits.

Le fondement des droits de la personne, c'est ce désir de se réaliser que chaque personne expérimente en elle-même. Si je ne ressentais pas un immense besoin d'apprendre, je ne revendiquerais pas un droit à l'instruction. Si je n'avais pas besoin d'amitié, le droit à la réputation perdrait beaucoup d'importance. Pour le suicidaire, le droit à la vie est une farce, comme en serait une pour un athée le droit à la religion.

7. Quelques droits de la personne

Un être humain ou une personne a droit à tout ce qui est nécessaire au développement de ses potentialités. Si les dimensions d'un être humain sont bien corporelle, morale, intellectuelle, artistique et spirituelle, une charte des droits

---

4. Paul Valéry, *Oeuvres*, tome I, p. 331

va comporter des dispositions concernant chacune de ces dimensions de la personne humaine.

Rien d'étonnant que la charte québécoise débute par le droit à la vie et à l'intégrité corporelle. La vie est la racine, le fondement de tous les droits: les morts ne revendiquent plus. Le droit à l'intégrité de sa personne va également de soi: j'ai droit à mes yeux, à mes mains, à ma langue. Les régimes qui châtient en tranchant des membres nous ahurissent. Mais les mains et les yeux ne sont pas menacés que par les appareils judiciaires barbares: ils le sont souvent par les conditions de travail. Et l'article 46 d'y pourvoir.

La charte québécoise confère des droits concernant les dimensions intellectuelle, morale et religieuse de la personne humaine. L'article 40 confère le droit à «l'instruction publique gratuite»; l'article 41 confère le droit à un «enseignement religieux ou moral» conforme aux convictions. L'article 3 avait déjà accordé la liberté de religion.

Les grandes dimensions de la personne humaine sont donc reconnues par la charte québécoise des droits et libertés. Mais comme les êtres humains ont toujours vécu en société parce qu'ils ne pouvaient s'accomplir dans la solitude, beaucoup de droits vont concerner les rapports avec les autres. Jadis, l'autre qui se présentait comme collaborateur numéro un en vue du bonheur, c'était le conjoint ou la conjointe. «L'homme est beaucoup plus conjugal que social», disait Aristote[5]. On s'attendrait donc à ce que les législateurs de ces temps lointains concèdent un droit au mariage. Ce n'est pas le cas: ils en font une obligation. Le célibat est interdit. Cette interdiction tient toujours au temps de Cicéron, mort en 43 avant notre ère, comme on le voit au livre III, chapitre III de son traité *Des Lois*. En se faisant le

---

5. Aristote, *Éthique à Nicomaque*, Paris, Garnier, 1961, L. VIII, ch. 12, p. 393

champion du célibat, le christianisme marque une étape majeure dans l'histoire de l'humanité. Ceux qui désirent en savoir davantage sur le mariage obligatoire et le célibat interdit peuvent lire *La cité antique* de Fustel de Coulanges.

La charte québécoise parle d'enfants, de parents, de personnes qui en tiennent lieu, d'époux, de mariage, mais elle n'en parle jamais en termes de droits. On ne parle pas du droit de se marier et de se donner une descendance — on ne se croit pas au temps de Hitler ni ne craint le retour de semblables personnages; on ne parle pas du droit de demeurer célibataire: cela va de soi. Le seul droit que la charte confère de ce point de vue, c'est le droit à l'orientation sexuelle (article 10).

Certains autres droits vont peut-être de soi en théorie, mais sont fort maltraités dans la vie de tous les jours. Je pense à ceux qu'évoque l'article 4 de la charte québécoise: dignité, honneur, réputation, et à d'autres que nous examinerons brièvement.

7.1 Le droit à la réputation

L'usage, souvent capricieux, fait que l'on peut avoir une bonne ou une mauvaise réputation, mais que la renommée est quelque chose d'avantageux. Et il en est de la gloire comme de la renommée, car la gloire est une grande renommée. On dira que la réputation d'un criminel s'étend à chaque nouveau crime et non sa renommée ou sa gloire.

La bonne réputation ou la renommée constitue l'un des plus puissants instruments qu'une personne puisse utiliser: instrument pour se faire des amis de choix (quand nos grands artistes nous parlent de leurs amis, ce sont d'autres grands artistes); instrument pour amasser de l'argent (quand un champion met son nom sur un article de sport, c'est la fortune); instrument pour dénicher un emploi (pour en prendre conscience, il suffit de songer au rôle néfaste de la mauvaise réputation: je pense aux ex-détenus).

C'est pourquoi les moralistes ont toujours considéré comme très grave la faute qui consiste à détruire la bonne réputation ou la renommée d'une personne. Cette faute a nom détraction ou dénigrement. Elle consiste à proférer des paroles susceptibles de rabaisser une personne dans l'estime des autres. Détraction vient du latin *detrahere*, tirer en bas. On dit du détracteur qu'il a une langue de vipère. Cette expression populaire vaut tout un discours.

7.2 Le droit à l'honneur

Dans le langage courant, il arrive que l'on ne fasse pas toujours la différence entre l'honneur et la réputation. Ces deux mots ne sont pourtant point des synonymes. Avant d'être une «marque de distinction qu'on accorde au mérite», à la valeur, l'honneur est le sentiment qu'une personne éprouve de mériter la considération des autres à cause de sa valeur. Le *Robert* parle fort bien de l'honneur comme d'un «droit à sa propre estime». Déshonorer quelqu'un, c'est le rabaisser à ses propres yeux. La détraction, dont nous venons de parler, consistait à le rabaisser aux yeux des autres.

Pour atteindre ce but exécrable, il faut procéder en présence de la personne que l'on veut détruire ou du moins s'assurer que le message lui parviendra. On peut faire perdre la réputation d'une personne à son insu; on ne peut pas, à son insu, lui faire perdre son honneur, c'est-à-dire son estime de soi.

Cette faute fait dresser les cheveux sur la tête des moralistes bien incarnés. Ce n'est plus la réputation d'une personne que l'on détruit, c'est la personne elle-même. Dans le cas de la détraction, on vole pour ainsi dire les tableaux d'un artiste; dans le second cas, on lui vole — si c'était possible — son art même.

Convaincu de l'importance de la confiance en soi pour réussir dans n'importe quelle entreprise, Alain donne ce conseil de profonde sagesse aux éducateurs: «La grande affaire est de donner à l'enfant une haute idée de sa puissance, et de la soutenir par des victoires»[6].

Cette faute ou plutôt ce crime, qui consistait à rabaisser quelqu'un à ses propres yeux, avait un nom jadis, en latin: *contumelia*, qu'on a traduit par contumélie, mais qui a disparu de nos dictionnaires français.

7.3 Le droit à l'amitié

L'amitié, un droit? Oui, du fait qu'elle est nécessaire dans la vie. Dans son *Éthique à Nicomaque*, Aristote affirme que l'amitié est «absolument indispensable; sans amis, nul ne voudrait vivre, même en étant comblé de tous les autres biens»[7]. Ce disant, il rejoint une conviction qui date de la tendre enfance. Constater qu'on n'a plus d'amis, à cinq ans, c'est le drame.

Ce droit, comme tous les autres, entraîne chez autrui l'obligation de le respecter. On peut enlever à une personne son honneur, sa réputation, ses biens, ses amis. Ce dernier crime est d'autant plus grave que l'amitié est plus importante et qu'il est difficile de se faire de véritables amis.

Ce crime — puisque c'en est un — portait en latin un nom qui en dit long: *susurratio*. On a en français les mots susurration, susurrement, susurrer, mais ils n'ont aucune connotation morale. On susurre des mots doux à l'oreille; on

6. Alain, *Propos sur l'éducation*, p. 5

7. Aristote, *Éthique à Nicomaque*, Paris, Garnier, L. VIII, ch. 1, p. 351

susurre à voix basse. Ces deux détails sont à retenir: la personne — langue de vipère elle aussi — qui cherche à séparer des amis ne parle pas fort ni ne parle en face. Elle susurre comme la bouteille fait glouglou.

7.4 Le droit à la différence

Quand on ne veut pas étonner, au lieu de parler de droit à la différence, on parle de discrimination. Reconnaître un droit à la différence, c'est un effort en vue d'éliminer toute forme de discrimination. Mais la formule est plus provocante. Il y a, en effet, des différences qui dépendent de moi et d'autres qui n'en dépendent pas.

Je ne suis pour rien dans le fait que j'ai la peau blanche, noire ou jaune; que je suis de sexe masculin ou féminin; que j'ai 1 mètre 80 ou 1 mètre 50, etc. Aux différences qui ne dépendent pas de moi s'en ajoutent qui en dépendent: j'ai choisi mon métier, mon parti politique, telle façon de me vêtir, etc.

Sous la rubrique: *Droit à l'égalité*, la charte québécoise consacre quatorze articles à la discrimination. On ne peut pas dire que tout y passe, mais il y passe beaucoup de choses: race, couleur, sexe, orientation sexuelle, convictions politiques, langue, religion, handicap, etc.

Il va de soi qu'on ne peut parler sans nuances de droit à la différence. Tout d'abord, j'ai le droit qu'on ne me fasse pas grief d'une différence qui ne dépend pas de moi. On ne peut pas reprocher à Jean Ferré de mesurer plus de deux mètres et de peser 225 kilos. Mais de là à lui reconnaître un droit à une auto tamponneuse faite sur mesure dans les parcs d'amusement, il y a une marge.

Il y a discrimination quand un refus est fondé sur une différence qui est sans rapport avec la chose sollicitée. Si l'on cherche un professeur d'anglais, on ne violera pas l'article 10 de la charte québécoise en éliminant le candidat unilingue français. Les passagers d'un 747 n'admettraient pas que le commandant se fraie un chemin jusqu'à la cabine de pilotage avec sa canne blanche.

7.5 Le droit à l'information

J'ai hésité entre le droit à l'information et le droit de ne pas savoir... Être bien informé, ce n'est pas tout savoir, mais savoir ce que l'on doit savoir. Mon plombier, en tant que plombier, n'est pas tenu de connaître la règle du participe passé placé entre deux que. Ne pas savoir, c'est autre chose qu'ignorer. Ignorer, c'est ne pas savoir ce qu'on devrait savoir. Par exemple, mon compagnon de marche ne doit pas ignorer que j'ai des cors aux pieds. Mais, avec l'assurance-maladie, mon médecin n'a pas besoin de savoir que j'ai un bon compte en banque.

Quand je parle du droit de ne pas savoir, vous pensez sans doute aux journaux à potins, mais il faut penser également aux journaux dits sérieux. Pour satisfaire la curiosité maladive de leurs lecteurs, les plus sérieux s'adonnent au potinage. Prenez n'importe quelle édition de votre grand quotidien et faites la somme des nouvelles qu'il est inutile sinon nuisible de divulguer.

8. La justice

La chose revendiquée comme un droit, c'est-à-dire comme étant nécessaire à l'épanouissement d'une personne, est détenue par une autre qui voudrait bien la conserver si c'était possible. Si elle n'était pas au pouvoir d'une autre personne, on ne la revendiquerait pas: on la prendrait tout simplement. On ne revendique pas la pomme qui est dans son propre pommier.

La résistance que rencontre la revendication peut être vaincue par la force, évidemment. Je suis traîner devant les tribunaux la personne qui détient ce à quoi j'ai droit. Mais cette résistance peut aussi être vaincue par une qualité morale qui s'appelle la justice.

Les considérations sur les droits de la personne accèdent à la morale quand on parle de la justice en pensant non point aux tribunaux mais à une qualité. On entend beaucoup parler de justice, mais c'est presque toujours en termes de rapport de force. La justice par la force est étrangère à la morale. La morale, nous l'avons souvent répété, est le domaine de l'activité volontaire et libre. Céder quand on a le couteau sur la gorge, ce n'est pas céder sur le mode moral.

On dit que la justice a pour objet le droit, comme l'acoustique a pour objet le son et la sobriété les boissons alcooliques. La justice porte sur le droit au sens où il est une chose due à autrui en raison de sa convenance. Cette chose due, la personne qui la détient la rend à celle à qui elle revient, même si cette dernière ne la revendique pas, ou bien elle lui en laisse la jouissance quand il s'agit d'une personne en possession de son droit. La justice rend le dû — qui est un droit pour la personne qui revendique — et elle respecte la propriété sous toutes ses formes: réputation, honneur, amis, biens matériels, etc.

8.1 Justice particulière, justice générale

L'ophiologue — spécialiste des serpents — en distingue bien vite des espèces, auxquelles il trouve utile de donner à chacune un nom distinctif: crotale, boa, couleuvre, etc. Au lieu de dire: «le serpent très venimeux qui porte au bout de sa queue une succession de cônes creux produisant un bruit de crécelle», il dit tout simplement: le crotale. Avouons que c'est commode.

Eh bien, la justice, comme le serpent, contient des espèces, auxquelles il est pratique de donner des noms. Comme la justice a pour fonction de rendre le dû, on sera justifié de distinguer autant d'espèces de justice qu'il y a d'espèces de dû. On en voit facilement deux: le dû à un individu, à un citoyen et le dû au peuple tout entier. Quand on fait partie d'un groupe, on peut être injuste envers un membre quelconque du groupe en lui dérobant de l'argent, sa réputation ou ses amis; on peut être injuste envers le groupe lui-même en nuisant au bien commun en vue duquel le groupe s'est constitué.

La justice qui rend le dû à un individu a reçu le nom de justice particulière. Le mot particulier s'emploie en effet pour désigner la personne privée, le simple citoyen, l'individu. Le mot particulier est moins courant maintenant que le mot individu, mais il est tout à fait français. La justice particulière, c'est la justice qui rend le dû à un individu, à un particulier et non au peuple tout entier.

Le nom de la justice qui rend son dû au peuple tout entier ou à la société n'est pas tellement bien fixé. Justice générale, disait-on parfois, général étant l'un des antonymes de particulier. Cette appellation se justifie assez bien. En effet, celui qui sert le bien commun travaille pour le peuple, en général, quoiqu'il ne travaille pas pour un citoyen en particulier, qui pourrait éventuellement lui demander des comptes. C'est la société elle-même, par la voix de son gouvernement, qui demande ces comptes-là. On l'appelle parfois justice sociale, parce que l'autre impliqué dans cette justice n'est pas un individu, mais la société tout entière. On l'appelle aussi parfois justice légale, parce que le bien commun est assuré par l'ensemble des lois que le gouvernement élabore et promulgue. Pour être compris, il vaut mieux parler du devoir social. Rendre le dû, c'est pratiquer la justice, mais c'est également faire son devoir.

8.2 Justice distributive et justice commutative

Le dû à un individu, à un particulier, a été divisé de nouveau en deux espèces selon que c'est un particulier qui doit à un particulier et selon que c'est la société elle-même qui lui doit quelque chose.

Un citoyen peut se sentir lésé par la société à laquelle il appartient quand il a l'impression de ne pas recevoir sa juste part du bien commun qu'il a contribué à amasser. Le bien commun lui semble mal partagé, mal distribué. Et l'on appelle justice distributive la justice qui veille à ce que chaque citoyen reçoive la part qui lui revient du bien commun.

Le mot est fort bien choisi. L'épithète distributive est formée de deux mots latins: un préfixe, *dis*, qui recèle l'idée de partager, de faire des parts, de séparer; puis, le verbe *tribuere*, qui signifie donner. La justice distributive commence donc par faire des parts du bien commun, mais elle n'en reste pas là: elle les fait parvenir à destination.

Un citoyen peut, en second lieu, se sentir lésé par un autre citoyen. On a pris ses poules sans rien lui donner en retour; ou bien on les lui a arrachées à un prix dérisoire; on a mal rémunéré un service, etc. En bref, les échanges entre citoyens n'ont pas été justes, ajustés. Or, en latin, échanger se dit *commutare*. C'est pourquoi on a donné le nom de justice commutative à cette espèce de justice qui règle les échanges dont le lien social est tressé.

La société est essentiellement échange de services: l'un construit, un autre habille, un autre guérit, un autre chauffe, un autre électrifie, un autre amuse, un autre instruit, un autre nettoie, etc. C'est le besoin d'échanger qui a amené les hommes à vivre en société. Conséquemment, tout vice dans les échanges attaque la racine même de la société. La justice commutative veille donc à ce que les échanges soient justes; elle veille à ce que personne ne donne ses services quand d'autres les vendent à prix d'or.

Chapitre 9

L'éducation morale

À quelques reprises, dans les pages qui précèdent, la distinction entre éducation (ou formation) morale et enseignement moral a été présupposée et esquissée. Cette distinction est bien réelle, semble-t-il, même si on a fait, naguère au Québec, du département de l'*Instruction* publique un ministère de l'*Éducation* en ne changeant que l'étiquette.

Nous allons reprendre la réflexion amorcée afin de distinguer clairement l'éducation morale de l'enseignement moral, de déterminer les objectifs visés dans l'un et l'autre domaine, d'identifier les principaux agents appelés à y oeuvrer et de préciser le rôle de chacun.

1. L'éducation morale

Nous allons d'abord considérer le phénomène de l'éducation en général, puis nous identifierons celui de l'éducation morale, que nous distinguerons de l'enseignement moral, avec lequel il ne faut pas le confondre.

1.1 La notion d'éducation

Il n'est pas facile de se faire une juste idée de l'éducation, tellement l'usage a multiplié les emplois de ce mot: éducation physique, intellectuelle, morale, littéraire, scientifique, politique, civique, artistique, sentimentale, etc. À tout hasard, je suis allé à l'origine de ce mot: *educare*, verbe latin qu'on appliquait aux personnes, aux animaux et aux plantes.

On a eu recours à plusieurs mots pour le rendre en français: nourrir, élever, cultiver. Car, à ma connaissance, on n'a jamais appliqué aux plantes le terme d'éducation. Mais — cela va sûrement étonner — Buffon, mort en 1788, l'applique encore aux animaux. Bien plus, *Le dictionnaire alphabétique et analogique de la langue française* de Paul Robert, édition de 1963, donne, comme troisième sens du mot éducation: «Art d'élever certains animaux» comme les abeilles, le chien, le cheval. On retient difficilement un ha!

L'éducation est devenue un phénomène humain. Les plantes, on les cultive; on cultive ses muscles, également; et ses amis. On ne cultive pas de lapins: on en élève, comme on élève du monde. Mais on n'élève pas de plantes. Phénomène humain, l'éducation peut avoir pour objet l'intelligence, la volonté, le coeur, la mémoire, les sens (oeil, oreille, etc.). Que sais-je encore? Toutefois, même si on éduque l'oeil, on n'éduque pas les muscles. L'usage semble bien capricieux, n'est-ce pas?

La distinction entre éduquer et instruire est sans doute plus facilement visible dans le cas de l'intelligence. Éduquer une intelligence, c'est la développer, la former, l'équiper de manière qu'elle donne un rendement maximum. Si Albert Jacquard a raison d'avancer, dans *Moi et les autres*, qu'on *devient* intelligent[1], comme on devient orateur, l'éducation intellectuelle pourrait se définir comme un ensemble de moyens à employer pour que les jeunes — tout se joue si tôt! — deviennent intelligents. L'éducation prépare en quelque sorte le contenant que l'instruction va remplir. Instruire, c'est faire acquérir des connaissances nouvelles.

La distinction entre éduquer une intelligence et l'instruire a reçu de Montaigne une formulation que la pédagogie n'a jamais oubliée: tête bien faite et tête bien pleine[2]. Montaigne parle de l'éducateur — qu'il désigne du nom de conducteur; c'est lui d'abord qui doit avoir la tête bien faite plutôt que bien pleine, en vertu d'un principe communément admis: on ne donne pas ce que l'on n'a pas. Car il a mission de former des têtes et non pas seulement de les remplir. Cependant, une tête vide ne peut pas être bien faite: on façonne une tête en y mettant quelque chose. Une tête n'est pas une jarre.

On pourrait faire des considérations semblables et une distinction semblable à propos d'autres objets d'éducation. Éduquer la mémoire, c'est la développer, l'équiper de manière qu'elle devienne un précieux instrument dans la vie. L'oreille est susceptible d'éducation. Pas seulement l'oreille du musicien, mais l'oreille du mécanicien, du chasseur, du gardien de nuit. L'oeil s'éduque également. Dans un cours sur le théâtre, on apprend à voir une pièce. L'oeil éduqué saisit des choses qui échappent à l'oeil profane.

---

1. Albert Jacquard, *Moi et les autres*, Paris, Seuil, coll. Points, Inédit Virgule, V 17, 1983, p. 122

2. Montaigne, *Les Essais*, tome I, coll. «Le Livre de Poche» nos 1393-1394, 1965, L. I, ch, XXVI, p. 188

1.2 L'éducation morale

L'éducation morale doit être distinguée de l'enseignement moral, même si, dans la pratique, l'une et l'autre sont presque aussi difficiles à séparer que la chair et le sang du *Marchand de Venise*. Comment enseigner sans éduquer un peu? Comment éduquer sans enseigner? Mais l'intelligence peut concevoir séparément ce qui est uni dans la réalité, et il est utile de le faire pour mieux comprendre.

L'enseignement moral vise à transmettre des connaissances. Aux fins de l'enseignement, il suffit qu'on sache exposer les arguments qui bannissent le suicide. L'éducation morale va plus loin: elle cherche à faire passer dans la vie quotidienne les enseignements reçus.

Qu'on enseigne la morale, c'est déjà beaucoup. Par ignorance, on peut attraper le cancer en abusant des moyens de le prévenir. Par ignorance de la psychologie, certains parents compromettent une éducation à laquelle ils tiennent pourtant comme à la prunelle de leurs yeux. Par ignorance de l'art de combattre, un soldat plein de courage se fait abattre comme un lièvre.

Quand on sait de la morale, on peut résoudre des problèmes de conduite humaine sur des copies d'examens ou autour d'une table ronde. «Que faut-il faire dans tel cas?» Les plus lâches peuvent crier la réponse les premiers: «Protester, dénoncer, désobéir.» Un peu comme Nietzsche, qui *parle* du surhomme, alors que, brancardier pendant la guerre, il s'évanouit comme le dernier des pleutres. Mais après avoir brillé à l'examen, il arrive souvent qu'on échoue dans la vie. Il est tellement facile, sur papier, de rendre le porte-monnaie, d'être sobre, de retenir sa langue.

Savoir, c'est une chose — fort importante, d'ailleurs; vouloir, c'en est une autre; pouvoir, une troisième. Beaucoup de fumeurs font ces distinctions comme des moralistes chevronnés. On peut savoir sans vouloir; savoir et vouloir sans pouvoir.

La distinction entre *enseignement* moral et *formation* morale prend ici toute son importance. L'enseignement est confiné dans les limites du savoir. La formation vise le vouloir et le pouvoir. La formation morale veut amener les jeunes, et les moins jeunes, à vouloir mettre en pratique ce qui leur a été enseigné. Pour faire vouloir, il faut montrer que la mise en pratique comporte des avantages à court ou à long terme, sinon c'est peine perdue. L'enseignement se préoccupe de savoir si c'est vrai; l'éducation se préoccupe de savoir si c'est bon.

Le dernier stade de la formation morale est celui du pouvoir. Il ne suffit pas de vouloir être sobre; il faut le pouvoir, en être capable. On le devient en acquérant, par la répétition d'actes appropriés, les différentes qualités morales. Sur ce point, la formation morale comporte des difficultés particulières. L'éducateur moral ne peut pas faire faire des séries d'actes de sobriété comme le professeur de culture physique fait faire des séries de mouvements. La formation morale doit rompre à l'usage des choses réelles — sur scène, le thé remplace le scotch, et le comédien titube après deux ou trois verres — mais pour l'acquisition de la sobriété, il faut des boissons alcooliques, et j'ajouterai: prises dans des situations normales et non artificielles. On n'y arriverait pas en apportant des bouteilles en classe et en pratiquant.

Venons-en à la définition de l'éducation morale ou de la personne moralement éduquée. Comme celles de la morale, les définitions de l'éducation morale sont fort nombreuses et de valeur inégale. Certaines définitions de l'éducation morale sont inutiles à force d'être longues. On les oublie. Une définition doit être courte, donner l'essentiel sans détailler le contenu de chaque élément essentiel. Par exemple, quand on dit de l'être humain qu'il est un animal, il n'est pas nécessaire d'ajouter un c'est-à-dire. Si la définition arrive en son temps, tout ce qu'elle évoque a été dit.

Pour jeter un rayon de lumière sur la notion d'éducation morale, prenons l'exemple on ne peut plus modeste du mécanicien. Un bon mécanicien, c'est une personne qui est capable de découvrir le problème de votre voiture et de le résoudre. Si votre mécanicien ne trouvait pas le problème ou, l'ayant trouvé, ne parvenait pas à réparer votre voiture, vous douteriez bientôt de la formation qu'il a reçue. C'est la même chose dans le cas de l'éducation morale.

En trois lignes, une personne moralement éduquée, c'est une personne qui voit les problèmes moraux que pose la vie réelle, qui est équipée pour les résoudre et capable de mettre en pratique la solution trouvée. Expliquons un peu.

Il y a des personnes qui ne voient pas les problèmes moraux. Dans certains cas, elles ne savent pas ce que c'est qu'un problème moral. La main qui n'a pas été éduquée ou entraînée palpe la chair sans déceler la présence du nodule inquiétant. D'autres savent ce que c'est qu'un problème moral, mais elles sont tellement absorbées par leurs problèmes de science, de technologie ou d'économie, qu'elles oublient de les soulever. J'ai déjà donné des exemples à ce sujet. J'ajouterai celui d'Oppenheimer, le père de la bombe atomique américaine, qui se disait «profondément troublé» de constater qu'aucun «débat moral» de quelque importance ne se soit engagé sur le problème des armes atomiques[3].

---

3. Michel Rouzé, *Robert Oppenheimer et la bombe atomique*, Éditions Seghers, coll. «Savants du monde entier» no 7, 1962, p. 183

Quand on se rappelle l'objet de la morale, à savoir le bien humain total ou le développement de la personne humaine suivant toutes les dimensions qu'elle comporte, on en arrive à la conclusion qu'un problème moral peut être soulevé à propos de n'importe quoi. En effet, il n'y a pas de matière proprement et exclusivement morale, comme le bois pour le menuisier et le cuir pour le cordonnier. Il n'y a pas de choses morales, mais un aspect moral des choses. Un débat moral peut être soulevé sur la bombe atomique, mais on pourrait en soulever un sur l'air climatisé. Il s'agirait de trancher la question suivante: l'air climatisé contribue-t-il à l'épanouissement de la personne humaine? Plus simplement: est-ce bon pour la santé?

Quand le problème a été vu et posé, il faut le résoudre. On ne dira pas d'une personne qu'elle est éduquée moralement si elle ne peut que poser les problèmes. La morale est une science pratique, une science qui dirige l'action. Dans le domaine purement spéculatif, on peut s'amuser à poser des problèmes sans jamais les résoudre, mais en morale, c'est différent: la vie oblige à trancher ce que l'enseignement a laissé en suspens.

Une personne ne sera dite éduquée ou formée moralement que si elle est équipée pour résoudre les problèmes moraux. Cela se fait en deux temps: d'abord, il faut trouver la solution théorique. Cette solution n'est pas toujours écrite dans les livres. Le champ de la morale est plein de problèmes nouveaux ou de vieux problèmes renouvelés. Être éduqué moralement, c'est être outillé pour chercher et découvrir la solution d'un problème nouveau et non pas seulement être en mesure de la lire dans un livre.

Être éduqué moralement, c'est enfin être capable de mettre en pratique la solution trouvée. Si, après de longues recherches, on en est venu à la conclusion que le tabac comporte plus d'inconvénients que d'avantages, mais qu'on n'est pas capable d'en tirer les conséquences pratiques, l'éducation morale fait défaut: il y manque l'essentiel. Le but de l'éducation morale, ce n'est pas d'apprendre à penser mais à vivre.

2. Les agents de l'éducation morale

Le mot agent est trop connu pour que soit nécessaire une longue présentation. Les agents de la formation morale viennent prendre place à côté des agents d'assurances, des agents de police, des agents secrets et de bien d'autres, tout aussi familiers. Mais agent est corrélatif de patient, comme cause l'est d'effet et supérieur d'inférieur. Une petite précaution s'impose: il n'y a pas d'un côté des agents de la formation morale et de l'autre un bougre de patient sur lequel s'acharneraient les premiers. Passif un moment — au moment où il reçoit enseignement, conseils, exemples — il devient bientôt non seulement actif, mais agent principal de sa formation. Sans sa collaboration, il n'y a pas d'éducation morale possible. En éducation morale, la passivité de la personne qui acquiert la formation est comparable à celle du malade qui reçoit une injection: si la nature de ce dernier ne réagit pas, l'injection n'aura pas plus d'effet que si on la donnait à un cadavre. C'est pourquoi on dit que le malade est l'agent principal de sa guérison.

Les agents de l'éducation morale sont nombreux: la famille, la société, l'école, le professeur, l'élève lui-même, etc. Nous parlerons brièvement du rôle de chacun, sans chercher à les hiérarchiser par ordre d'influence. L'influence prépondérante, dans la formation de chaque individu, n'est pas toujours attribuable au même agent: dans un cas, on pense — qui en est sûr? — que c'est un ami, dans un autre un parent, ou un livre.

Comme les agents de l'éducation morale font tous un peu d'enseignement, il y a lieu de les considérer de ce point de vue-là.

2.1 Les agents de l'enseignement moral

Du point de vue de l'enseignement de la morale, l'école ne joue peut-être pas un rôle aussi considérable que du point de vue de l'enseignement des autres matières: physique, chimie, histoire. Une fois ces cours-là terminés, on oublie, on s'intéresse moins ou on ne comprend plus... Il n'en est pas ainsi en morale: les opinions pleuvent sans cesse de partout. Elles sont émises par tout le monde et par tous les médias: parents, amis, vedettes, journaux, revues, livres, radio, télévision, etc.

Il n'y a pas de semaine où la télévision ne présente des exposés ou des débats sur quelque problème de morale: désarmement, violence, drogue, etc. Par le même moyen, les auteurs de téléromans enseignent à de larges auditoires par les paroles qu'ils mettent dans la bouche des comédiens et par la vie qu'ils leur font mener. Certains auteurs savent encore corriger les moeurs en s'en moquant, mais la plupart trouvent plus rentable d'aller dans le sens de la facilité. André Gide demandait qu'on grimpe la pente de sa nature; eux y glissent.

Du point de vue de l'acquisition des connaissances morales, l'école a quand même un rôle privilégié à jouer, beaucoup plus que dans une matière dont l'acquisition et l'intérêt vont se terminer en quittant l'école. Ce rôle doit consister à rompre à la méthode propre à la morale. On ne fonctionne pas en morale comme on fonctionne en physique ou en histoire. Chaque science a sa méthode, c'est-à-dire qu'elle a son vocabulaire, sa manière de définir les termes qu'elle emploie, ses principes, sa manière de procéder, c'est-à-dire de chercher la vérité.

Tout le monde fait un peu d'histoire à l'école. Cela consiste à mémoriser quelques dates, à retenir quelques grands noms et à saisir l'importance de quelques faits. En quittant l'école, on oublie toutes les dates moins une couple; les grands noms deviennent de plus en plus clairsemés; l'importance des faits diminue. Rares sont ceux qui vont faire de la recherche historique, qui vont fabriquer de l'histoire. Ceux-là auraient besoin de connaître la méthode appliquée en histoire, sinon ils fabriqueraient de la mauvaise histoire ou fabriqueraient autre chose.

Parce que la morale se fabrique constamment sous nos yeux; qu'elle est d'une importance capitale pour la bonne conduite de la vie; tout le monde doit être en mesure de porter un jugement critique sur les opinions qui viennent de partout. Le rôle de l'éducateur moral s'exerce avant tout de ce côté-là; beaucoup plus que du côté de la quantité des problèmes soulevés. Ces problèmes sont tellement nombreux qu'il est impossible de les aborder tous. D'ailleurs, comme on l'a déjà dit, ils se renouvellent constamment. Mais la méthode de fonctionner en morale ne change pas. Qui la connaît saura traiter un problème nouveau. Il aura appris à pêcher, comme dit le proverbe chinois.

2.2 Les agents de l'éducation morale

Les agents de la formation ou de l'éducation morale sont ceux mêmes de l'enseignement moral: famille, société, école, éducateur, etc. Leurs moyens d'action: la parole et l'exemple. La formation morale, comme nous l'avons dit, s'adresse au vouloir et au pouvoir. Si le problème de la drogue est abordé par un agent moral quelconque, il faudra que son action incite les jeunes qui en consomment à cesser de le faire et incite ceux qui n'en consomment pas à ne jamais commencer. Quand l'intervention de l'agent moral pousse vers ce dont elle veut détourner, et vice versa, elle rate drôlement son but. Il arrive que des propos sur le fruit défendu donnent envie de le croquer!

2.2.1 La famille

Que la famille exerce une influence sur la formation morale des jeunes, c'est indéniable; que cette influence soit prépondérante, c'est une question difficile à trancher — et peut-être un tantinet oiseuse. Ceux qui soutiennent que l'influence familiale est prépondérante fondent leur opinion sur certains arguments. Nous allons en examiner deux.

Le premier argument veut que l'influence familiale soit prépondérante parce qu'elle est la première à s'exercer. La première influence jouerait un rôle tout à fait particulier. La sagesse populaire a fabriqué un proverbe pour le propager: «La caque sent toujours le hareng.» Dans un contexte de formation morale, ce proverbe veut dire que la vie ne parvient pas à effacer toutes les traces de la première éducation.

Cet argument ne convainc pas tout le monde. Les politiciens, entre autres, soutiendraient plutôt le contraire. Pour eux, c'est la dernière influence qui est la plus importante: la dernière semaine, la dernière journée de la campagne électorale. Le votant indécis a des chances de pencher vers le candidat qui lui aura parlé le dernier.

On s'en tire en introduisant une nouvelle distinction: plan moral et plan intellectuel. Sur le plan intellectuel, c'est le meilleur argument qui l'emporte, qu'il soit servi en premier ou en dernier. L'habitude n'a rien à voir dans l'adhésion à une conclusion de mathématique: il suffit de comprendre une fois, la répétition n'y est pour rien. Sur le plan moral ou de la conduite humaine, c'est différent: c'est par la répétition des actes que la sobriété devient facile. Et ce n'est pas par des arguments qu'on peut démolir une habitude, mais par des actes répétés allant en sens contraire.

L'influence de la famille est prépondérante sur le plan des habitudes de franchise, d'honnêteté, de courage, etc. qui seront prises très jeunes près des parents. Ces habitudes ne se perdront pas facilement, puisque, comme le dit ici encore le proverbe: «L'habitude est une seconde nature.» Mais, sur le plan intellectuel, plan des explications, de la vérité, l'influence ira vraisemblablement au professeur, car il a d'excellentes chances de l'emporter en ce domaine. L'argument: «C'est vrai, maman l'a dit; c'est vrai, papa l'a dit», est abandonné bien avant l'entrée au secondaire.

Le deuxième argument fait appel à l'expérience, ce qui est on ne peut plus normal en morale. L'expérience établirait un lien entre la délinquance et la criminalité d'une part, et l'éducation familiale d'autre part. Ce lien n'est pas aussi rigoureux que celui qui relie tout effet à une cause. Il s'apparenterait à celui qui relie le tabac au cancer du poumon: les gros fumeurs n'en meurent pas tous. De même, dans les familles à délinquants, il y a de bonnes brebis.

L'influence de la famille n'est pas irrésistible. Règle générale, l'exemple entraîne, mais on sait fort bien que, dans certains cas, il repousse. Les parents fumeurs donnent parfois à leurs enfants le dégoût du tabac. Le contraire est également vrai: certains jeunes fument alors que leurs parents ne fument pas. Et il en est ainsi pour l'alcool et bien d'autres choses.

2.2.2 La société

Dans ce contexte, société n'est pas État. L'État, au sens de gouvernement, joue un rôle de plus en plus considérable dans le domaine de l'éducation comme dans le domaine de la médecine, d'ailleurs. Il est normal que le gouvernement ne distribue pas les (nos) milliards sans se préoccuper de l'usage qui en est fait.

Je parle ici de la société en tant qu'elle constitue un écosystème. Qu'est-ce qu'un écosystème? Le lac Jacques-Cartier, les plaines de l'Ouest canadien, la Côte Nord, la rivière Saguenay, etc. Un écosystème, c'est, selon René Dubos, «une association entre un certain milieu et tous les êtres vivants qu'il héberge, association qui acquiert une individualité propre différente de celle de ses constituants»[4].

L'équilibre qui s'est formé peut être facilement rompu. La construction d'un barrage détruit l'écosystème que formaient une rivière, une forêt ou un lac. L'écosystème d'une ville ou d'un pays peut être rompu par les réfugiés politiques, l'immigration massive ou une occupation. Le «génie de l'endroit», comme on dit, peut disparaître à l'occasion de ces grands chambardements.

La société est un écosystème formé d'individus fort différents par la race, la profession, la culture, la religion; cependant, il finit par se former une unité qui les englobe tous. Les différences ne sont pas effacées, mais une unité supérieure s'est formée qu'on pourrait appeler à juste titre âme, parce qu'elle anime vraiment chaque individu.

Il y a quelque chose comme l'âme américaine, l'âme russe, l'âme chinoise, l'âme québécoise. C'est une manière de se comporter, de voir les choses, d'en juger; c'est une échelle de valeurs. L'oncle qui arrivait des States ne voyait plus les choses comme il les voyait avant de quitter son village. On le disait américanisé et il l'était.

Comme écosystème, la société est, sans conteste, l'agent le plus puissant de l'éducation morale. Aucune

---

4. René Dubos, *Choisir d'être humain*, p. 184

famille ne peut se refermer sur elle-même au point d'échapper à cette influence qui pénètre par tous les pores de la peau.

À l'intérieur de la société, les petits groupes auxquels on est immédiatement rattaché exercent une influence considérable: groupes d'amis, clubs sociaux, etc. J'en ai dit un mot en parlant de la drogue au chapitre 6, 3.3. Le petit groupe impose une manière de se conduire, une mode, des sujets de conversation, des opinions. On s'y plie ou on se retire.

2.2.3 L'école

Comme agent de l'éducation morale, l'école, ce pourrait être la boîte dans laquelle le jeune va vivre environ douze cents heures pendant l'année, en compagnie de centaines ou de milliers d'autres jeunes et sous la direction de professeurs fort différents du point de vue de la valeur morale: pensée et pratique. L'école prise en ce sens exerce sans nul doute une influence non négligeable. On en convient en considérant non pas deux polyvalentes québécoises, mais une école de Téhéran et une polyvalente québécoise. L'ayatollah Khomeiny craindrait pour son fils spirituel transplanté en sol québécois.

Je ne m'arrêterai pas à l'école envisagée de ce point de vue-là. Je compte l'école parmi les agents de l'éducation morale en tant qu'il s'y trouve des professeurs chargés de l'éducation morale, comme il y en a pour l'éducation physique et le français. L'éducateur moral doit recevoir une préparation particulièrement soignée à cause de la difficulté de sa matière et des conséquences de son action.

- La préparation des maîtres

Quand il s'agit d'éducation morale, il ne faudrait pas pousser un «Pouah!» et se tourner vers le premier professeur disponible, convaincu qu'il se tirera bien d'affaire. N'importe qui peut «faire la morale»; n'importe qui peut «moraliser»; n'importe qui peut demander à un groupe de jeunes ce qu'ils pensent de la drogue, les envoyer recueillir des opinions et présider leur discussion. La méthode permet un certain démarrage, mais on tourne bientôt en rond, à moins qu'on ne quitte le champ de la morale sans s'en rendre compte. Monsieur Jourdain de Molière faisait de la prose sans le savoir; de même, on peut faire de la morale sans le savoir, mais on risque alors de cesser d'en faire sans le savoir. Un cours de sexualité et un cours de morale sexuelle, ce n'est pas la même chose: on peut être à la fois bon mécanicien et mauvais conducteur...

L'éducateur moral doit d'abord connaître sa matière, tout comme le professeur de mathématiques ou d'histoire. Or la morale est probablement — j'allais dire: sans doute — la plus difficile de toutes les matières. On l'aura peut-être pressenti en lisant ce livre. La morale est difficile d'abord à cause de la quantité de problèmes qu'elle soulève: tout peut être envisagé du point de vue moral, on l'a dit.

De plus, la certitude ne s'y atteint pas facilement. En mathématiques, en physique, en histoire, le professeur est en mesure d'apporter des preuves irréfutables; en morale, c'est rarement possible. La matière de la morale ne donne prise à la certitude qu'au niveau des grands principes; fais le bien, évite le mal; obéis à ta conscience; ne vole pas; ne mens pas, etc. Mais, dès qu'on s'approche de l'action concrète, tout s'embrouille: qu'est-ce qui est vol? qu'est-ce qui est mensonge? La morale ne connaît ni l'unanimité ni la sérénité. Les débats y sont toujours passionnés; les opinions contraires n'y sont jamais anéanties. «En principe, mais», voilà la formule typique à la morale. En principe, on est contre l'euthanasie, par exemple, mais, en pratique, il faut scruter le cas. Il y a peut-être des exceptions; des exceptions sont possibles. Les principes qui règlent l'action concrète ne sont vrais que dans la plupart des cas. Face à un cas concret, on n'est jamais certain s'il constitue ou non une exception. Au ras de l'action, il n'y a plus de certitude. Le Père Desmarais titre bien: *L'avortement, une tragédie*, mais, après avoir fait tonner les plus redoutables canons, il est obligé de tenir compte d'une bonne vieille distinction, essentielle en morale: moralité objective, moralité subjective.

La difficulté de la morale vient ensuite du fait que l'expérience y joue un rôle primordial. On ne peut pas savoir, avant d'en avoir fait l'expérience, que l'eau va bouillir à 100 degrés. Il en est ainsi en morale. La seule raison à invoquer contre ceux qui disent que la marijuana n'est pas plus dommageable que le tabac, c'est d'en appeler à l'expérience. Cela suppose qu'il y ait de l'expérience d'accumulée et qu'elle soit disponible. Mais les problèmes de l'éducateur moral ne se terminent pas là. Si l'expérience qu'il a recueillie ne trouve pas d'écho chez le jeune, l'argument qu'elle constitue aura peu de poids.

La difficulté de la morale vient enfin, et peut-être surtout, du fait que ses conclusions bousculent souvent nos habitudes de vie. Le philosophe Leibniz disait que si les conclusions de la géométrie nous dérangeaient autant que celles de la morale nous ne les accepterions pas plus facilement.

Pour toutes ces raisons, une attention particulière doit être apportée à la préparation des éducateurs qui assumeront la responsabilité de la formation morale.

• L'action de l'éducateur

Dès qu'on parle d'éducation morale, beaucoup de parents s'inquiètent du contenu des cours. Qu'est-ce qu'ils vont seriner à nos enfants? Vont-ils leur dire que la virginité est une coutume comme la dinde de Noël? qu'il faut se déniaiser? que la religion est ci et ça? «Le monde sont caves, profitez-en», disait à ses étudiants un professeur en sciences de l'administration d'une université. Devant ces dangers, certains ont songé à des cours sans contenu. La solution n'a pas été retenue. C'eût été de la sobriété sans boissons alcooliques.

Disons d'abord qu'en morale comme en physique, en histoire et en biologie, il y a beaucoup de choses sur lesquelles à peu près tout le monde est d'accord. Celles-là, on peut facilement les enseigner. Je pense aux notions fondamentales et à beaucoup de problèmes particuliers au sujet desquels les conclusions du bon sens sont partout les mêmes «en principe».

Quand il s'agit de questions controversées — elles sont plus nombreuses en morale que dans les autres disciplines — on demande au moins deux choses aux éducateurs: 1) tenir compte de l'âge de leurs auditeurs; 2) être intellectuellement honnêtes. Un professeur est intellectuellement honnête quand il expose le pour et le contre, et non pas seulement ce qui lui plaît et ce qu'il vit. J'accepte qu'on émette l'hypothèse que la virginité avant le mariage est une coutume si l'on expose également l'opinion de ceux qui lui reconnaissent quelque connivence avec la nature humaine.

Quand on a exposé le pour et le contre, s'il arrivait qu'on soit incapable de trancher, il faudrait laisser au bon sens de chaque auditeur le soin de le faire. Ne dévoiler que le pour ou que le contre, quand il y a du pour et du contre, c'est une forme d'endoctrinement, comportement contre lequel on met l'éducateur moral en garde.

L'influence de l'éducateur moral tient en partie aux rapports qui existent entre son enseignement et sa vie. Il est difficile de parler avec conviction de ce à quoi on ne croit pas et qu'on ne vit pas. Parler d'une façon, vivre d'une autre, c'est évidemment possible. Faites ce qu'ils disent; ne faites pas ce qu'ils font, c'est bien connu. Et il vaut mieux, étant lâche, prêcher le courage que de mettre son discours au diapason de sa vie. Mais l'idéal, c'est de montrer, en le pratiquant, que ce qu'on enseigne est faisable.

L'éducateur exercera son influence avant tout par son enseignement. Sa matière ne lui permet pas de faire faire des exercices comme en font faire les autres professeurs. Après avoir expliqué l'accord du participe passé, le professeur peut dire: «Prenez votre cahier d'exercices à la p. 23.» Après avoir parlé de la sobriété, le professeur de morale ne peut pas faire faire des exercices; sortir les bouteilles et dire: «Servez-vous sobrement.»

2.2.4 L'agent principal de l'éducation morale

Quand on parle des agents de la formation morale, on oublie souvent l'agent principal, à savoir la personne même que l'on veut éduquer moralement ou qui veut se donner une éducation morale. N'importe quel autre agent va échouer s'il n'obtient pas la collaboration volontaire de la personne à éduquer.

Il en est ici comme dans le cas de la médecine ou de l'enseignement. Enseigner, ce n'est pas transvaser des connaissances. Enseigner, c'est aider une intelligence à comprendre; le professeur le plus génial ne peut pas comprendre à sa place. Dans l'enseignement, le rôle principal appartient à la personne qui apprend. Il en est de même dans le cas de la médecine, dont j'ai dit un mot ci-dessus. Le malade peut guérir tout seul, mais aucun médecin ne peut le guérir par sa seule intervention: il lui faut le concours de la nature du malade.

En éducation morale, il faut amener à vouloir. Eh bien, il n'y a pas de moyen d'atteindre directement la volonté. Inclination consécutive à la connaissance intellectuelle, comme il a été dit au chapitre 2, 5.2, on ne peut l'atteindre que par le truchement de l'intelligence. Pour faire aimer la géométrie et amener une personne à vouloir en faire, la seule manière de procéder, c'est de s'adresser à son intelligence en lui exposant les avantages de la géométrie. Si le goût aime les friandises au détriment de la santé, il faut en exposer les inconvénients à l'intelligence et espérer que la volonté sera assez forte pour contrôler le goût. Le succès de l'intervention n'est jamais assuré.

Pour des raisons difficiles à déceler, l'éducation donnée dans la famille, dans la société ou à l'école n'est pas toujours reçue. Dans les familles, il y a des moutons noirs, dont la couleur de la toison constitue un mystère; dans toute société, il y a des contestataires: aucune société ne parvient à rompre tous ses citoyens à la manière de vivre qu'elle préconise.

Conclusion

Un traité de morale qui voudrait faire le tour du champ de cette science comprendrait autant de tomes qu'une encyclopédie, à moins qu'il se contente d'aligner les réponses aux problèmes sans en détailler les solutions. Mais encore là, il faudrait publier des annexes pour faire connaître les réponses aux problèmes nouveaux. Il y a cinquante ans, le problème des armes nucléaires, de la télévision et des transplantations cardiaques ne se posait pas. De plus, on peut résoudre une fois pour toutes un problème de géométrie, mais non un problème de morale: des données nouvelles obligent à trouver des solutions nouvelles aux vieux problèmes. La morale est le domaine privilégié de l'éducation permanente: le recyclage s'y impose constamment.

Dans les pages qui précèdent, je n'ai jamais eu l'intention ni la prétention de soulever tous les problèmes qui gravitent autour des sujets abordés. Il est possible que j'en aie omis de plus importants que ceux que j'ai soulevés. Mon but était avant tout d'en aborder quelques-uns afin de rompre à la manière de les soulever et de les résoudre tous.

Rappelons d'abord qu'un problème moral peut être soulevé à propos de n'importe quoi. Les problèmes moraux ne sont pas des problèmes parmi les autres problèmes: problèmes économiques, problèmes militaires, problèmes vestimentaires, problèmes médicaux, etc. Le problème moral est un aspect de n'importe quel problème. Cette idée est fort importante.

On soulève un problème moral quand on considère une chose du point de vue de la morale. Nous l'avons dit de plusieurs façons: développement, réalisation, accomplissement, épanouissement de la personne humaine selon toutes ses dimensions. Soulever un problème moral au sujet de la poêle à frire, c'est d'abord se demander si cet ustensile peut contribuer ou nuire au développement d'une dimension de la personne humaine. On présume que ce pourrait être la dimension corporelle; que la poêle à frire pourrait affecter la santé et, par la santé, d'autres dimensions.

Pour résoudre un problème moral, il faut, la plupart du temps, faire appel à l'expérience accumulée; souvent, à la science. C'est en vain qu'on discuterait, sans radiographies ni analyses de laboratoire, des inconvénients ou des avantages du tabac, de l'alcool ou de la drogue. La conclusion à laquelle on arrive est souvent provisoire. De nouvelles expériences peuvent conduire à d'autres conclusions. Mais, en attendant, la vie continue.

La personne moralement bien formée sera capable de mettre en pratique les normes de conduite que la science a mises au point: savoir, vouloir et pouvoir.

Table des matières